KB200818

여자를 위한 인생 10강

여자를 위한 인생 10강

신달자 에세이

민음사

차 례

열 번의 실패도
인생에선 작은 숫자다

아득하다고
하지 마라,
가득하다

여자들이여, 우리는 너무나 괴롭다. 도무지 어디서부터 어디까지가 우리들의 젊음인지, 우리들이 그 젊음을 지나오기는 했는지 경계가 흐릿하다. 우리가 언제 행복했는지, 우리가 언제 희망을 가졌는지, 우리가 언제 그것을 이루었는지 분별도 되지 않는다.

우리가 조마조마하게 무슨 대책을 세워야 하지 않겠느냐고 우리의 본성, 우리의 미적거리는 게으름과 서서히 다투고 격렬하게 싸우고 있을 때 우리가 사는 시대는 너무나 빨리 변화하고 있다.

시대의 변화에 따라갈 수 없어서, 자꾸 뒤처져서, 우리가 가는 길이 더 무디고 두렵다. 두려워서 다시 거리가 멀어지고,

마음은 괴롭고, 자신감은 약해지고, 시대를 멀찌감치 바라보고만 있고, 다시 스스로 약해지고, 어쩌나…… 뭔가를 시작하기는 해야 할 텐데 어쩌나…… 입속에 담아 두고 마음속에 담아 두고 한번 소리 내 외쳐 보지도 못하고 그렇다고 무엇인가를 해야겠다고 확실히 정하지도 못하고, 그렇게 시간을 보내고만 있는 것이다.

하긴 해야 하는데, 그래, 시작은 해야 하는데…… 수천 번 수만 번 이 말을 되씹으면서 세월은 흘러간다. 왜 세월은 또 그렇게 빠른 것인지…….

대답은 하나다. 다만 우리는 과거도 미래도 계산하지 않고 우리는 우리의 오늘을 살 뿐이다. 남들이 어떻게 살고 있는지는 전혀 중요하지 않다.

내가 할 수 있을까 자신을 폄하하지도 말자. 나 같은 것도 할 수 있을까 스스로 자신에게 잔인하게 굴지 말자. 이미 늦었다고 절대로 단정하지 말자.

그전에도 시작했다가 중도 하차한 일이 부지기수다, 나는 절대로 안 된다…… 스스로 자신을 기죽이지 말자. 인간이란 하려다가 그만둘 수 있는 존재다. 당연히 그럴 수 있다. 그것은 능력의 부족이 아니었다. 열정의 문제였다. 그러니 다시 시작할 수 있는 것이라고 생각하자.

젊은 시절에 여러 가지 시행착오를 겪어 보지 못한 사람들은 중년이 되어서도 아무 힘도 발휘하지 못한다. 아름다운 꽃이 좋은 조건에서만 피어나는 것은 아니다. 메마르고 척박한 땅에서 피어나는 꽃이 더 향기가 짙은 것만 봐도 알 수 있다.

우리는 바로 그 길을 가고 있다고 생각하면 된다. 많이 두려워하고 괴로워하고 많이 울고 단념했다가 시작하는 그 행동에 정신의 가치는 치열하게 광채를 빛낼 것이다.

우리에게는 능력이 있다. 아무도 모르게 잠재되어 지하 에너지로 묻혀 있는 재능을 우리가 스스로 밟았는지 모른다. 내가 어떻게…… 스스로를, 자신의 재능을 읽지 못한 사람은 바로 우리 자신들이다.

그러니 다시 시작해 보자. 벌떡 일어서서 가자. 마음속에서 꿈틀거리던 그 하나만 촉발시켜 걸어가자. 그리고 결단을 내리는 것이다. 우리 안에 있는 중도 포기 유전자를 으깨어 홀랑 마셔 버려라. 그까짓거 매몰차게 나에게서 쫓아 버려라. 우리는 우리의 적인 우리 자신을 이겨 내야 한다.

인생 100년이란 말은 이제 어색하지 않다. 희망이 아니라 실제 상황이며 100세라는 말은 우리 모두에게 가능한 일이다.

가끔 우리는 이렇게 말한다.

"어머나, 나는 아니야. 끔찍하게 100살이 뭐야. 나는 그렇게 사는 거 원치 않아."

그러나 당신이 원하든 원치 않든 우리는 그러한 고령화 사회 속에서 살아가고 있는 것이다.

누구나 현실을 읽어야 잘 산다. 세상은 붉은색으로 흐르는데 왜 붉냐고 따지고만 있어서는 뒤로 처지고 만다. 나만 무능하고 나만 외롭고 나만 별것 아니고 나만 못났다고 한탄하면서 그 마음의 스트레스를 가까운 가족이나 자신에게 풀어놓는 것은 질 좋은 삶이 아니다.

스스로 자신을 비하하면서 고립되는 외로움을 속으로 붙잡고 괴로워하는 것으로 지금의 시간을 보낸다면 우리의 내일은 결국 오늘보다 더 나빠지는 것이다.

자 가령, 그대가 20대든 30대든 40대든 상관없는 일이다.

인간에게는 누구나 자신만의 스토리가 있다. 말하면 예외 없이 울게 되는 감동 스토리가 있고 화가 나는 이야기도 있으며 벌떡 일어나 고함을 치고 싶은 이야기도 있는 법이다. 그 자신만의 스토리를 떠올려 보라.

이야기는 되도록 감동적인 것이 좋다. 누구나 어머니 아버지의 이야기는 후회스럽고 미안하고 가슴 치는 그리움이 있고 잘못한 것이 너무 많은 법이다.

사랑하던 사람의 이야기도 있다. 사랑했지만 헤어진 경우도 있고, 사랑하지 않았는데 같이 사는 경우도 있다. 사랑했지만 사랑하지 않게 되는 경우도 있고 생각하면 온몸에서 독이 오르는 상대도 있다.

반드시 그 일을 하고 싶었는데 하지 못한 이야기들, 언제라도 하려고 마음먹었지만 아직 현실적으로 시작하지 못한 일들도 있을 수 있다.

감동은 무엇을 하게 만드는 계기가 된다. 우리가 만나는 감동을 마음으로만 삭이지 말고 자신이 다시 감동이 되는 일로 연결할 수만 있다면 얼마나 좋겠는가. 마음속에 그 어떤 이야기가 있어도 좋다. 가능한 독하게 마음을 추스르는 이야기를 앞세워서 자신이 지금 하려고 마음먹은 그 일의 계기로 삼아라.

자기를 일으키는 일이 곧 마음속의 모든 화를 잠재울 수 있는 일이다. 아무것도 시작하지 않고 자신을 심술로 가득한 독 안에 가둬 둔다면 그것은 불행한 일이다.

세상은 지금 여자들을 위한, 아니 사람들을 위한 일들로 가득하다. 뭐! 가득하다고? 나를 힐난할지 모른다. 아득하다고만 하지 마라. 답이 없다고만 하지 마라.

지금 당장은 수익성이 없지만 언젠가 어떤 일을 할 때 필요한 준비를 우선 하는 것은 어떤가. 아니 지금도 당신은 무엇인가를 하고 있는 것이다.

부족은
만족으로 가는
간이역

주부 강미옥 씨가 말했다.

첫딸이 초등학교 2학년 때 국어 시험에서 30점을 받아 왔는데 엄마가 너무 놀라서 거친 목소리로 "도대체 넌 어떤 기분이야!"라고 물었더니 아이가 이렇게 대답했다는 것이다.

"엄마, 나는 내가 맞힐 수 있는 문제가 있다는 것이 너무 즐거워."

"글쎄 도무지 말이 안 나왔어요."라고 말하던 미옥 씨는 다시 입을 열었다.

"나는 어쩌면 내 딸보다 못한 거예요. 어린 딸은 자신이 잘한 것을 생각하고 즐거워하는데 나는 내 딸이 못 맞힌 답만 생각하고 불행해했으니…… 나한테 문제가 있다는 것을 깨달

았어요."

우리는 자신의 능력에서 너무 거리가 먼 꿈을 가지고 사는 것은 아닐까. 도저히 닿을 수 없는 경지의 정상을 꿈이라고 생각하는가.

꿈도 어느 정도 가능한 것을 품고, 생각하면 즐거워야 한다.

그리고 꿈으로 가는 도정, 꿈으로 가는 그 과정을 즐길 수 있어야 그것이 꿈이 있는 사람이라고 말할 수 있을 것이다.

그러나 과연 우리 자신이 꿈을 어떻게 이해하고 있는가도 문제다. 꿈이란 말을 한 포털 사이트에서 찾아보면 책 제목에 따라붙는 것만 5만 개가 넘고, 꿈에 관한 카페나 웹사이트도 수만 개에 달한다. 왜 이렇게 꿈에 관한 풀이가 많을까. 꿈이라는 낱말과 만나기만 해도 무엇인가 이루어지는 입구에 서 있다고 생각하는 것인지 모른다.

꿈이라는 것을 어떻게 배웠는지 묻고 싶다. 꿈을 품어야 사람답게 산다고 들었고 그렇게 교육받았기 때문에 사람들은 꿈의 불에 차디찬 두 손을 쬐고 싶은 것인지 모른다.

나는 시골 여중에 다닐 때 고향 선배이기도 한 어느 여선생님이 서울에서 와 첫 수업 시간에 "여러분은 꿈을 가지세요."라고 하는 말에 정신이 번쩍 들었다. 꿈이 무엇인지는 모르지만 그것을 가져야만 좋은 어른으로 성장할 수 있다는 말로 알아들었다. 처음으로 내 순수한 머릿속에 들어온 그 꿈은 나에게서 단 한 번도 멀어진 적이 없었다.

여고를 거쳐 서울에서 대학을 다니며 나는 그 꿈의 길에 서 있다는 생각을 했고, 지금은 대기업의 회장님이 되신 그분의 정신적 선물인 꿈을 지금도 나는 싱싱한 생명력으로 마음 속에 키우고 있는 것이다.

나는 신데렐라의 꿈이 아니라 내가 노력한 만큼의 꿈을 믿었고, 그 꿈이 나를 버렸을 때라도 늘 내 노력이 부족했을 것이라는 긍정적인 자세로 돌아왔다.

부족한 것은 만족으로 가는 간이역인 것이다. 반드시 거쳐야 할 간이역 말이다. 나는 가장 윗자리에 앉는 것을 꿈꾸어 온 적은 없었다. 다만 내가 즐기고 내가 하고 싶은 것을 하는 그 자체가 나의 꿈이었던 것이다.

나를 끌어당기는 것이 무엇인지, 그렇게 내가 정직하게 끌려가는지를 살폈다. 내가 무엇을 했을 때 나의 반응이 어떤지 나 자신을 바라보았다. 꿈은 있는데 매양 그 자리에서만 빙빙 돌면 그것은 꿈이 있는 사람이 아니다.

꿈에게도 예우가 필요하다. 내가 가진 꿈에 대해 예의를 갖추는 일은 그 꿈으로 가는 과정의 어려움을 견디는 의지를 갖는 것이다.

가령 꿈에 대한 길을 아직 정하지 않은 사람은 먼저 자신을 잘 알아야 한다. 내가 누군지, 내가 무엇을 생각하는 사람인지, 내가 무엇을 할 때 가장 즐겁고 무엇을 할 때 가장 괴로운지, 내가 무엇을 할 때 능력이 발산하는지, 무엇은 손도 대기 싫은지, 언제 가장 화가 났는지, 언제 가장 많이 웃었는지…….

내가 누군지 명확한 확신이 필요하다. 그렇게 되면 무엇인가를 시작하기 쉽지 않겠는가. 그림을 그리는 것이 좋은지 그림을 보는 것이 좋은지, 글을 읽는 것이 좋은지 글을 쓰는 것이 좋은지, 요리를 하는 것이 좋은지 요리를 먹는 것만 좋은지, 공원이나 산에 가는 것이 좋은지 우리나라 산이 몇 개이고 높이가 얼마인지를 알고 싶은지, 꽃을 보는 것이 좋은지 꽃 이름을 외우며 꽃과 친하고 싶은지를 명확하게 아는 것이 중요하다.

한 번쯤 노트에 써 보면 어떨까. 내가 무엇을 좋아하고 무엇을 싫어하는지 순서대로 적어 보면서 하나씩 지워 보면 한 줄 남았을 때 자기를 알게 되지 않을까.

그렇게 해서 아주 작은 발자국부터 떼어야 한다. 자신이 좋아하는 것이기 때문에 느린 발자국도 즐길 수 있을 것이다.

결국은 그 어떤 것에 시간을 얼마나 바치느냐에 달려 있고, 시간을 바치는 그 시간을 사랑해야만 하는 것이다.

누군가는 엘리베이터 타는 시간에도 책을 읽는데 그 시간만 보태도 일생 만만찮은 시간이 된다는 이야기를 했다. 우리는 시간을 허섭스레기처럼 보내는 경우가 많다.

이 세상 전문가들 가운데 하루아침에 그 자리를 가진 사람은 지구 위에 단 한 명도 없다.

무엇을 시작할 때 결과는 생각하지 않는 것이 좋다. 돈이 될 것인지 뜰 것인지 어떤 자리에 부상할 것인지는 생각하지 않는 것이 좋다. 하루에 하나, 적어도 나는 이것만은 했다는 자기만의 만족이 필요하다.

그리고 그야말로 아득한 첫 발자국을 유쾌하게 시작할 필요가 있다. 시작은 누구에게나 눈부신 일이니까. 하다못해 산 이름을 외우거나 식물 이름을 외우거나 곤충에 대한 책을 읽어서 그 일에 많은 것을 알게 되었다면 그것도 삶에 대단한 자신감으로 자리 잡는다. 누가 알아주나 따위는 상관없는 일이다.

주부 정한나 씨는 늘 우울하고 자신감이 없고 다들 모두 잘나가는데 자기만 뒤로 처져서 스스로 쓸모없다고 단정하는 나날이 길어져서 사는 것이 무섭고 무거웠다고 말한다.

그래서 시작한 일이 바로 동사무소에서 하는 요리 실습이었다. 한나 씨는 말했다. 죽는 순간까지 먹고 살아야 한다면 지겹고 귀찮은 먹는 일을 좀 더 즐겁게 하는 법을 배워야겠다고 생각했고, 먹는 일로 지루한 가족 관계를 회복시킬 수도 있다고 생각했다는 것이다.

한나 씨의 생각은 옳았다. 그는 시설도 요리 선생도 별로 마음에 들지 않았지만 경제적 부담도 없고 집에서 가깝고 해서 시작했고, 서서히 잘만 하면 그 선생 자리에 자기가 설 수 있을 거라고 넘보면서 열심히 했다는 것이다.

서울의 변두리, 누구도 의미 있게 바라보지 않았고 남편은 밥상에 변화가 왔다고는 느꼈지만 별일이 아니라고 생각하며 알은척도 하지 않았다. 그러던 어느 날 그녀가 그 선생 자리에 초대를 받았다는 것이다.

그러면서 한나 씨는 마음이 너그러워지고 세상을 부드럽게 보고 남편과의 무미하고 지루한 생활마저 "그런 거지 뭐." 하고 넘길 수 있었다.

한나 씨는 3년 만에 학생에서 선생이 되었고 5년 만에 서울의 중심으로 진출했고 10년 만에 유명 한식 요리사의 명단에 이름이 올랐다.

그대가 30대라면 그대에게 앞으로 시간은 70년이 남아 있다. 그렇다면 뭐든 10년을 한번 자신과 싸워 보면 어떨까. 그 10년의 갈 길이 정해진다면 덜 지루할 것이다. 10년 후의 자신을 떠올리면 즐겁지 않은가.

만약 10년 후에도 뭘 할까 고민하고, 사는 것이 재미가 없다고 말한다면 그대 자신도 불행하지만 그대와 엮인 모든 가족도 그대를 보는 일이 즐겁지는 않을 것이다.

그러나 반드시 일만 행복의 열쇠는 아니다. 직장이 아니라 가정 속에서 여러 가지 취미 생활을 하면서 자신의 생활을 이끌어 가고 싶은 여성이 있다면 그것도 중요한 선택인 것이다.

가사와 육아와 가족들의 노예같이 살던 어머니를 보고 나는 말했다.

"나는 어머니처럼 살지 않을 거야."

내 말을 들은 어머니는 말했다.

"그래, 제발 나처럼 살지 마라. 네가 주인이 돼서 살아라."

그러나 나는 젊은 날 전혀 예기치 않았던 생의 고통에 눌려 살았는데, 그래 그것은 참으로 예기치 않은 일이었다. 인생은 그렇다. 예기치 않는 일의 연속이니까…….

고생의 불더미 속에서 정신적·육체적 고통의 짐을 지고 가는 나를 보고 내 딸은 말했다.

"나는 엄마처럼 살지 않을 거야."

"그래, 제발 나처럼 살지 마라, 제발."

어머니는 내가 가진 능력이 있다고 믿은 사람은 아니었지만 분명히 자기처럼만은 살지 않기를 바랐고, 나도 내 딸에게 적어도 나처럼은 살지 말라고 애원했던 것이다.

나도 내 딸도 다 우리가 원하는 대로 살고 있다. 나는 어머니가 원하는 대로 일을 하고 있고, 내 딸은 내가 원하는 대로 일을 하지 않고 취미를 살리며 직장 없이 가정 속에서 잘 살고 있다.

'나는 직업이 싫다'거나 '직업은 아이들을 다 키우고 나서 생각하겠다'고 하는 여성들에 대해서도 그들의 용감한 선택을 인정해 주어야 한다.

그렇게 사는 내 딸에게도 여러 가지 갈등이 있고 '내가 지금 잘 살아가고 있는 것인가?'라는 회의도 따르겠지만 나는 내 딸이 휴대폰으로 '지금 운동 중이에요.' '지금 악기 공부 중이에요.' '친구들하고 점심 먹고 있어요.' 등등의 문자를 보내면 마음이 놓이기도 한다. 남편과 함께 사는 이야기, 자식들 키우는 이야기 속에 엄마에게 털어놓을 수 없는 이야기도 얼마나 많겠는가. 그러나 자신이 택한 삶에서 별 후회 없이 사는 내 딸의 생활 자세가 나는 훌륭하다고 생각한다.

일하는 엄마가 자식에 대한 사랑이 적은 것도 아니고 가정에만 있는 여성들이 자신을 덜 사랑하는 것도 아니다.

어떤 경우에도 지금의 나 자신에서 조금 더 열정을 가지고 조금 더 하고 싶은 것을 덧붙여 재미를 만들어 가는 생활이 결국 자신의 외로움을 약화시키는 것이다.

아직도 너무나 많이 남은 인생을 걱정만 하면서 보내기는 아깝지 않은가.

60세에 직업을 그만두면 100세까지는 16만 시간의 여가 시간을 살아야 한다고 한다. 그 시간을 어떻게 사느냐는 지금 무엇을 하고 있는가와 연결되어 있다.

당신도 할 수 있다. 당신의 이름은 여자다.

인생의
종착역을
그려 보라

2011년 새해가 되면서 톨스토이의 마지막 인생을 그린 영화를 보았다. 원제목은 「종착역」이었는데 막강한 부와 평안을 버리고 스스로 빈민의 고통을 함께한 대문호의 마지막은 러시아 남부의 아스타포보 역이었다.

그 작은 역에서 82세의 종지부를 찍은 생의 무게는 엄청났다. 고통을 자처한 그의 종착역은 행복한 미소였다는 것이다.

나는 영화를 보고 나와서 딸과 함께 저녁을 먹으며 내내 내 인생의 종착역을 곱씹었다. 내가 선택한 일을 얼마나 열심히 했으며 그 일에 대한 결례 없이 마무리할 수 있을 것인가 하는 문제가 우선이었다.

내가 만난 사람들에게도 폐가 되지는 않았는지 그리고 내가 사랑했던 일에 얼마나 최선을 다했는지⋯⋯. 더러는 내가 만난 사람들이 있고 신의 선택으로 만난 사람들이 있을 것이며 우연으로 만난 사람들이 있을 것이다. 다 잘했는지, 속임수는 없었는지 생각했다. 아버지 어머니 그리고 내 딸들에게 미안하지는 않은지가 함께 머릿속을 어지럽혔다. 남편은 내가 선택한 것이었는데 얼마나 제대로 살았고 거기 얼마나 충실했는가도 떠올랐다.

삶이란 우는 경우가 더 많은지 웃는 경우가 더 많은지는 모르지만 그건 어쩌랴. 인생은 가시밭길이란 유행가도 있지만 결국 우리의 종착역에서 웃을 수 있기를 바라면서 오늘의 고통을 견디는 것이 바로 건강한 삶 아니겠는가, 나름으로 결론을 지었다.

'사랑'이라는 그 흔한 말을 다시 써야겠는데 사실 나는 그 흔한 '사랑'이라는 말에 아직도 가슴이 설레지만 정확하게 답을 내릴 수는 없었다. 그러나 나는 지금 '사랑'은 자신을 방치하지 않고 내용 있게 살아가는 것이라고 말하고 싶다. 다른 타자가 아닌 나 자신이 하고 싶은 일을 하며 최선을 다하고 즐기면 그것이 '사랑'이라고 말하고 싶은 것이다.

사랑이라는 그 말에 오해 없이 사랑하고 살았는가도 종착역을 떠올리며 고민했다. 우리를 가장 위로한 것은 그래도 사랑이었다.

우리들의 종착역에서 환하게 웃거나 고요히 미소 지을 수 있는 마지막 순간을 위해, 사랑의 본질인 희생에 대해 아름답다고 말할 수 있는 성실에 대해 자신있게 말할 수 있는 우리의 아름다운 일상의 순간들을 만들어야 하지 않겠는가.

당신의 종착역을 그려 보라. 심심풀이든 진지하게든, 그러면 지금 우리가 무엇을 해야 할지 자극을 받고 시작하게 될 것이다.

'끝이 아름답고 좋았다'는 말이 그 인생의 마지막 모습이 될 것을 그려 본다면 지금 하는 일에 좀 더 최선을 다하게 되지 않겠는가.

그러나 나는 기차를 타면 절대로 종착역은 생각하지 않는다. 내가 기차를 타는 세 시간은 창밖의 풍경을 보며 인생을 다 산다. 기차에서 내린다는 생각도 잘 안 한다. 그냥 세 시간을 즐기는 것이다. 창밖으로 보이는 간이역, 산과 나무들, 그리고 들판…… 그것이 내가 자란 한국의 풍경이고 한국의 산하다.

그것을 즐기다 보면 어느새 종착역이다. 종착역은 그렇게 도착해야 한다. 절대로 지루할 일이 아니다. 살아 있는 즐거움은 창밖이 변하는 풍경만으로도 충분히 축복이다.

괴로움은 지금 내가 긍정적으로 바라보는 풍경과 함께 잘 다스리면 될 것이다. 그렇게 생각하자. 자주 보아도 창밖은 늘

다르다. 계절마다 다르고 아침 저녁이 다르다. 끝이 좋으려면
결국 바로 지금의 일을 진지하게 해야 할 것이다.

시작은
누구에게나
눈부신 일

우리는 태어나서 1년 만에 직립의 인간으로 변신한다. 어머니 품에서 내려와 드디어 네발로 기다가 어느 날 혼자 우뚝 서는 그 황홀한 순간 우리는 박수를 받는다. 그 박수는 결과적으로 혼자 무엇을 선택하라는 응원의 박수다.

그때부터 우리는 선택의 명수가 된다. 돌잔치에 연필을 잡느냐 실을 잡느냐 책을 잡느냐 돈을 잡느냐에 따라 인생이 결정된다고 어른들은 생각했다.

그렇게 우리는 나이를 먹으면서 서서히 자신의 선택으로 스스로의 삶이 결정된다. 우리가 사는 것은 선택의 삶인지 모른다.

밝은 미래는 당신의 선택에 달려 있다. 그러므로 선택의 기술을 배워야 하는데 그것은 많은 실패도 함께 선택되어진다는 것을 알아야 한다.

한 번의 선택이 대박을 일으키는 경우는 인생에선 드물다. 실패도 친할 필요가 있다. 인생에서 그깟 실패가 대수인가. '극복'이라는 단어가 그래서 빛나는 것이다. 그것을 믿는다면 이제야말로 스스로 삶의 선택이 필요하다. 엉뚱해도 상관없다.

남이 무엇을 하든 다수를 따르지 말고 혼자지만 외롭지만 하고 싶은 일을 선택하는 것이 필요하다.

주부 고영미 씨는 아들이 하나다. 아들이 중학교를 들어가면서 공부 시간이 늘게 되었다. 영미 씨는 앞으로 아들이 공부하는 6년 동안을 영어 회화 공부에 바치겠다고 선언했다. 아들이 학원에 있을 때 자신도 학원에 있었다.

아들이 대학에 들어가면서 영미 씨는 어느 미국인과도 대화가 가능했다. 그녀는 미국 여행을 떠났다. 사진기 하나를 들고 청바지 한 벌을 입고 한 달 동안 혼자 여행을 했다. 남편에게서는 늘 응원의 문자와 이메일이 왔다.

그는 돌아와서 새로운 인생을 산다. 다른 무엇이 된 것이 아니다. 그녀는 여전히 전업주부다. 하지만 자신감이 생겼다는 이야기다. 세상의 권력을 가지는 것이 아니라 자신의 인생에 권력을 소유한 것이다.

내 제자 유정하는 소위 있는 집 남자와 결혼해서 잘 살았다. 어느 날 그녀에게 전화가 왔다. "요즘 뭐하니?"라는 내 질문에 너무나 뜻밖의 대답이 돌아왔다.

"선생님 저 숲 해설가가 됐어요."

그는 광릉숲을 드라이브하다가 숲을 좋아하게 되어 아무런 이유 없이 5년을 그냥 숲에서 놀았다는 것이다. 그러다가 책과 인터넷 사이트를 통해 체계적으로 숲을 공부하게 되었고 결국 그런 아름다운 이름 '숲 해설가'가 되었다는 것이다.

돈을 제대로 버는 것도 아니고 무슨 스타가 되는 일도 아니지만 그녀는 너무 아름답게 산다면서 행복해하고 있었다. 이럴 때 우리는 한마디 한다.

"배가 부르니 폼 잡는 일을 하겠지."

그러나 그렇지 않았다. 그녀는 여러 번 남편의 사업 실패를 경험했고 남편의 건강까지 나빠져 경기도 소흘산 부근으로 이사를 했다. 시골 학교에 다니는 아이들을 가르치려고 엄마가 직접 공부해 특별한 선생이 되었고 그러다가 숲을 좋아하게 되었다는 것이다.

인생은 잘 안 되는 순간의 선택이 가장 중요한지 모른다. 잘 안 될수록 가정의 화목과 사랑, 그리고 건강이 필수다. 그럴 때 서로 위로가 되어 주라고 가족이 있는 게 아닌가. 그럴 때 같이 손잡으라고 가족이 존재하는 게 아닌가.

그것이 인간의 힘이고 그것이 인간의 승리인 것 아닌가. 그녀가 그렇게 예뻐 보이기는 처음이었다. 나도 제자를 닮아 아름다워지고 싶어졌다.

S 백화점 영 캐주얼 매장에는 65세의 정식 판매 사원이 있다. 16년 동안 아르바이트를 하고 얻은 결실이다. 20년간 전업주부로 지내다 심심함도 덜고 돈도 번다는 생각으로 판매를 하다가 젊은 직원보다 훨씬 적극적이어서 윗사람의 눈에 띄어 정식 사원이 된 사례다.

"그런 걸 왜 하니?" 하고 비웃는 친구도 있었을 것이다. 그러나 보라. 그녀는 지금 빛을 발산하고 있다.

그녀의 노하우는 솔직함이라고 한다. 옷이 안 맞으면 다른 것을 골라 보라고 권하며 잘 맞아야만 사라고 권한다는 것이다. 그래서 그는 단골도 많다. 적어도 젊은 시절 그의 꿈은 판매원은 아니었을 것이다. 그러나 자식 다 키우고 나서 늦게 공부하듯 일을 하는 그녀는 누구보다 싱싱하고 젊다. 그녀의 가치는 스스로 만든 것이다.

처음에 판매원이 뭐야! 하고 등을 돌렸다면 그녀는 지금도 방황하고 있을 것이다.

엉뚱하지만 새로운 일에 도전해 보는 것, 누구에게나 필요하다. 마음속으로 홀로 꿈을 그리고만 있으면, 높은 것만 바라보고 있으면 마음속의 꿈도 시들고 죽는다. 그녀도 말한다.

"용기를 내어 새로운 일을 해 보세요."

2강

척박한 땅에서 핀 꽃이
더 향기가 짙다

인생 여행의
지독한 멀미,
외로움

때로는 세 명, 때로는 다섯 명씩 나는 20대에서 50대 여성들을 만나 왔다. 그저 소박하게 우리들 자신의 마음을 열어 놓고 대화해 보자는 것이 목적이었다.

내가 걸어온 길에서 오늘의 여성들이 무엇을 고민하고 무엇을 두려워하고 무엇을 희망하고 있는지 알고 싶었다.

여성들은 순순히 나와의 데이트를 허락해 주었고 같이 밥을 먹으며 원활한 소통의 길을 열게 되었다. 나는 그들을 만나면서 우리 사회에 이렇게 다양한 방법으로 살아가는 여성들이 많다는 것을 알고 놀랐다.

그러나 그 다양한 모습의 여성들이 하나같이 말하고 있는 지금 가장 힘든 것은 외로움이었다.

어떤 유형의 삶 속에서도 혼자 앓는 외로움이 있고 그 때문에 고통스럽다는 것이다. 그런데 그 외로움을 어디서도 (가족이 있음에도) 위로받을 수 없다는 것이 중론이었다.

사실 언뜻 보면 모두 화려해 보인다. 주변에 사람도 많고 휴대폰은 계속 울려 댄다. 문자메시지 창에는 연이어 무슨 이야기가 뜬다. 이야기는 계속되고 서로 무엇인가를 보내고 받는다. 페이스북, 트위터, 미디어 안에서 만나는 친구는 너무 많다.

그들과 놀고 그들과 세상을 호흡하는 것 같다. 그러나 여기에 아픈 비밀이 숨어 있다. 쿨하고 긍정적인 마인드로 새 시대적 삶을 산다는 자기 소견이 있긴 하지만, 영상 시대에 포장된 자신을 어느 순간 깨닫게 된다는 것이다.

그런 인간관계는 물거품이라는 것, 멋있는 삶이라는 명제 아래 넓은 인간관계를 과시하고 있지만 실제로 내 옆에는 아무도 없다는 발견에서 자기 앞에 도드라진 외로움에 눈을 뜬다.

말하자면 진실한 자아, 진솔한 자아는 저 밑에 숨겨져 있고 남에게 보이고 싶은 자기만 드러낸다.

남에게 보이는 자신과 자기가 알고 있는 자신의 거리는 멀고 괴리가 깊다. 그러므로 보여지지 않는 나와 진정한 나는 외롭고 어둡다. 천형과 같은 외로움이 있다.

어떤 여성은 수천 개의 바늘이 심장을 찌르는 것 같다고 외로움을 표현한다. 어떤 여성은 이빨이 칼날 같은 호랑이가 백

마리쯤 자기에게로 달려드는 것 같다고 표현하기도 한다.

결국 그런 외로움은 자연스럽게 우울증으로 이어진다. 보여지지 않는 숨겨진 자신이 자기 안에서 심하게 앓고 소통되지 못하는 감정이 결국은 깊은 우울증의 바다 안으로 가라앉는다. 진짜 나는 더 깊이 가라앉고 겉포장에 불과한 또 하나의 나는 번들거리며 획획 빠르게 아른거리기만 한다.

자신의 진정한 모습은 보이지 않은 채 두 개의 얼굴로 사는 오늘의 여성들(사실 남성들도 다르지 않겠지만)에게 진정한 대화 상대, 외로움을 조금은 손잡아 주는 위로자는 그렇다면 누가 되는 것일까.

내가 만난 여성들은 아마도 영원히 희망이 없다고 단정 짓는다. 그래서 그들은 조금 마음을 열 상대로 남편도 자녀도 아닌 여성 친구들을 택한다.

그것은 동병상련, 즉 같은 병을 앓고 있는 사람들의 공감 때문이라는 이야기다.

수다라는 말이 여기서부터 필요했는지 모른다. 사실 그것 역시 거품이 아니겠는가.

외로움이라면 나는 한마디로 멀미라고 말하고 싶다.

나는 너무 오래 외로웠고 내가 만난 여성들의 말처럼 나도 이 외로움으로부터 탈출하지는 못할 것 같았다. 더 정직하게 말하면 나는 자주 혼자 있을 때 토악질이 났다. 외로움도 멀미가 나는 것이다.

나는 자꾸 토악질이 날 것 같은 두려움으로 집에서나 외출할 때 화장지를 늘 옆에 둔다. 내 핸드백 속에는 현금보다 먼저 챙기는 것이 화장지다.

내 인생을 통째로 말하면 길고 외로운 여행의 멀미라고 말할 수 있겠지만, 외로움의 역할이 반드시 있었다고 생각한다.

만약 내가 세상에서 말하는 아주 행복한 여성이었다면, 가령 남편을 너무 잘 만나서 경제적으로 문화적으로 모자랄 것이 없고 거기다 자상하기까지 하여 나를 너무 챙기고 사랑해 주고 안아 주고 자주 키스를 하려 들고 밤이면 나를 가만두지 않고 며칠에 한 번씩 감동적인 선물을 해 주고 비싼 프랑스 요리는 신물이 날 지경이고 사흘에 한 번씩 정명훈의 연주회를 보러 가야만 했다면 내가 시인이 될 수 있었겠는가.

나는 사랑받느라 세월을 보내고 있었을 것이다. 문제는 그렇게 살았더라면 내가 외롭지 않았을까 하는 것이다. 나는 오히려 더 미치지는 않았을까.

그래, 내가 그렇게 살았다면 어떻게 되었을까. 나는 생각만으로도 "아니야!"라고 외칠 것이다. 나에게 외로운 것은 적성에 잘 맞는 일인지 모른다.

과도한 예를 들었다고 생각하지 마라. 우리는 모두 좋은 조건에 있다. 다른 조건에 있더라도 우리는 외로울지 모른다. 자

38

신의 조건을 불행이라고 결코 말하지 말라. 지금의 조건에서 조금씩 덜 외로운 일을 시작하면 되는 것이다. 그것이 삶이다.

아직도 삶에 대해 대단한 기대를 하고 있는가. 이 세상은 자기가 일구는 밭이다. 어쩌면 책임은 우리에게 있는지 모른다. 모두 외롭다. 그러나 외로운 사람 가운데서 어떤 사람은 외로움에 깔리고 어떤 사람은 외로움을 털고 일어서지 않는가.

내 생을 결정적으로 말하면 외로움이었다고 할 수 있다. 20대에도 내 연애는 그렇게 스마트하지 않았다. 내가 나를 보면 결정적인 난점도 없었다. 그 정도면 밉지 않았고 약간 바보스러웠지만 남자에게는 결점은 아니었고 부잣집 딸이었고, 그런대로 시를 쓰고 있었다. 그런데 남자들은 내게 적극적으로 고백해 오지 않았다.

나를 사랑한다고 생각했던 사람마저 홀연히 떠나 버렸다. 그래서 나의 사랑은 늘 상상 속에 있었고 머릿속으로만 화려했다. 어쩌면 이것도 내가 남자를 1순위로 두지 않기 때문은 아닐까 하는 생각도 한다.

나 같은 여자는 남자에게 잘 넘어간다. 남자에게 사랑을 제대로 받지 못한 여자는 사랑에 굶주려서 남자가 조금만 잘해도 훌쩍 넘어간다. 이것은 지대한 약점이다.

그래서 스스로 나의 약점을 보완하는 길을 찾으려고 노력했다. '여자가 강해지는 법' 같은 책을 읽었는데도 나는 잘 강해지지 않았다. 그래서 선택한 것이 내가 나를 사랑하는 법이었다. 내가 나를 멋있다고 생각하고 내가 맛있는 것을 먹고 내가 아름답게 살려고 노력했다. 아마도 그것은 좀 덜 외롭기위한 스스로의 노력 아니었을까.

그렇다. 나는 좀 덜 외로우려고 노력했다. 어떻게 하면 덜외로울까 궁리도 많이 했다. 그때 시 한 구절을 보았다. 고인이 된 고정희 시인의 「상한 영혼을 위하여」였다.

　　외롭기로 작정하면 어딘들 못 가랴

나는 당연히 외롭기로 작정했다. 그렇게 생각하니 마음이조금 편해졌다. 몸부림을 치지는 않았다. 외로우면 울었다. 내눈은 자주 퉁퉁 부어 있었다.

외로움을 애인처럼 안고 뒹굴었다. 피하지 않으려고 생각하니 외로움과 더 친해졌다. 정말 외로움이 없어지지는 않는다면 외로움을 이용할 수는 없을까.

나는 외로움을 안주머니에 넣고 열심히 일한다. 바쁘게 지낸다. 외로움과 이야기한다.

"오늘은 잘 견디었느냐, 오늘은 양이 많아진 것 같은데 날너무 무겁게 하지는 마라."

외로움과 어깨동무를 하고 걷는다.

시인 릴케는 14세 연상의 루 살로메를 사랑하여 무려 1500통의 편지를 썼지만 이루어지지는 않았다. 그러나 그 사랑의 실패로 릴케의 영혼은 고양되고 더 좋은 글을 쓸 수 있었다. 릴케는 연애에 수없이 실패를 하면서도 자신의 역량을 꾸준히 도모했다고 볼 수 있다. 그가 조각가인 로댕에게 수업을 받고 있을 때 편지를 자주 썼는데 그의 수없이 좋은 명구 중에 한 구절을 소개한다.

로댕의 비서 격으로 일하며 서투른 프랑스어로 편지를 쓰면서 내가 그에게 배운 것은 다음과 같습니다.
산다는 것, 인내한다는 것, 일한다는 것.
그리고 기쁨의 기회를 절대로 소홀히 하지 않는다는 것.
이 지혜로운 분은 기쁨을 찾아내는 방법을 알고 있으며
유년의 기억 속에 있을 법한 이름 지을 수 없는
기쁨마저도 찾아내었습니다.
아무리 하잘것없는 것도 그에겐 자기를 엽니다.
한 그루의 밤나무, 한 개의 돌, 모래에 섞여 있는
조개껍질 하나도 그에게 말을 겁니다. 마치 그것들이 황야에 있으면서
명상에 젖어 단식이라도 해 왔던 것처럼.

우리는 어쩌면 우리가 가진 것들, 추억, 어린 시절의 감동, 경이로움, 친구들, 내가 살아가면서 만나는 자연과 사람들을 보잘것없는 것이라고 소중하지 않다고 생각하고, 나에게 잘 오지 않는 것들만 그리워하면서 정작 내 옆에 있는 기쁨을 지우고 있었던 것은 아닐까.

우리가 외롭다고 생각하는 어느 부분에는 남들과 비교하는 습관이 있는지 모른다. 나는 늘 요 모양인데 너는 왜 늘 뭐든 잘되는지 몰라 하고 남과 비교하면서 나만 잘 안 되고 나만 외롭고 나만 불행하다고 스스로 단정하고 있는지 모른다.

자기 확신은 노력에서 온다. 나에게 확신을 가지고 나에게 덤을 주면서 스스로를 달래고 힘을 실어 주는 사람은 바로 나라고 생각하라.

이 세상에는 마음의 병이 있는 사람이 많다. 자기가 불행하다고 생각하는 사람, 자기를 불신하는 사람은 언제 만나 봐도 늘 그렇게 살고, 긍정적인 마음을 가지고 "나라고 늘 이렇게 살겠어!" 하며 부닥친 현실을 박차고 나가는 사람은 다음에 만나면 변화된 모습을 볼 수 있다.

'평범'에서 '특별' 쪽으로 가기 위해서 돈이 필요한 건 아니다. 변화하고 싶은 마음만 있으면 된다. 배려하고 베풀고 내가 더 조금 가지려고 노력하고 자신의 경험을 공유하려고 하면 변화는 어려운 일이 아니다.

흔들리지 마라. 자기 확신은 노력에 달려 있다. 나는 매번 나에게 이 말을 강조한다.

나는 그런 인간이다, 나는 지금까지 그래 왔다, 그것은 어떻게 할 도리가 없다, 그것이 내 본성이다, 라고 이마에 딱지를 붙이고 다니는 사람, 지금 바로 그 딱지를 떼어 버려라.

대신 나는 할 수 있다, 나는 할 수 있다, 나는 할 수 있다라고 내가 나에게 외치면 우울증도 외로움도 빠른 걸음으로 달아날 것이다.

내 친구 중에는 내가 별 볼일 없는 것이라고 단정하는 별 볼일 없는 종이를 모은다거나 나뭇잎을 말려서 거기 그림 같지도 않은 그림을 그린다거나 하는 별난 취미를 가진 친구가 있는데, 어느 날 그 친구에게 도대체 너는 그걸 왜 하느냐고 물었다.

"재미있니?"

그 친구의 대답은 오래 내 마음에 머물렀다.

"네가 보면 별것 아니지만 이 세상에는 오래 몰두하면서 열심히 하면 재미가 생기지 않는 것은 없을 거야."

나는 선생이라는 이름이 부끄러웠다. 그 친구가 갑자기 특별해 보였다. 특별하게 보는 나도 특별해졌다. 재미나 흥미는 자신의 내부에서 생기는 일이고 밖에서 들어오는 것은 아니라는 점을 나도 알았기 때문이다.

우리가 재미없다면 우리가 흥미가 없다면, 그것은 우리가 만들지 않았기 때문이란 답은 명백해 보인다. 샤이론의 시 한 구절이 생각난다.

행복은 걸어오지 않는다,
그래서 걸어간다.
하루 한 걸음, 사흘에 세 걸음.

여성의 역사는
통증의 역사다

여자들은 왜 아플까.

내가 만난 여자 중에서 아프다는 말을 안 하는 사람은 거의 없었다. 누가 머리를 콕콕 찌른다라든가 온몸이 욱신욱신 쑤신다라든가 목이야 허리야 하며 내 어머니건 내 할머니건 모두 그렇게 아파하셨다.

내 친구들도 늘 아프다. 젊었을 때도 아이 키우고 공부하고 집안일 하면서 아프다는 말을 입에 달고 살았다.

나이가 들더니 대화의 시작에서 끝까지 모두 아픈 이야기다. 우리의 어머니 할머니들은 그만큼 육체 노동이 심하였으니 그러려니 하겠지만, 문명의 혜택으로 가사일을 기계가 책임져 주고 기적 같은 의료 기술을 가진 오늘날에도 여자들의 많은 수다 속에 아프다는 말이 가장 많다.

여자들은 왜 그렇게 아파야 하는가. 그런데 어떻게 생각하면 여자들은 아프게 되어 있는 게 아닐까.

여자들의 가사 노동은 사실 가도 가도 끝이 없는 광야를 개척하는 일과 같다. 그게 뭐가 힘드냐고 묻는 사람이 있다. 아니 남편들도 그렇게 말하지 않는가. 해도 해도 끝이 없는 그 가사 노동은 여자를 서서히 병들게 하고 우울하게 만드는 것이다.

가사 노동 말고도 출산이라는 어려운 과정을 겪는다. 남자들은 얼마나 힘든 것인지 직접 낳아 보지 않고는 도저히 알 수 없는 고통이다.

출산은 한마디로 생명을 거는 일이다. 실제로 아이를 낳다가 죽은 여자들이 많다. 그래도 여자들이 아이를 낳는 것을 보면 나는 늘 여자들이 기적의 존재처럼 느껴진다. 할아버지가 아버지가 고기를 잡다가 죽는 것을 보고도 아들이 고기를 잡는 것과 같이 여자들은 아이를 낳다가 죽는 것을 보고도 아이를 낳지 않는가.

여자들은 40여 년을 피를 흘린다. 12세 무렵에 생리를 시작하여 폐경까지 육체적인 생리통을 앓는다.

말하자면 여자는 아프게 되어 있다. 생리란 한 달간 자란 자궁 안쪽 벽의 세포가 호르몬의 영향으로 떨어져 나가면서 출혈이 오는 것을 말한다. 사람 몸에서 피가 나면 그것을 멈추려는 시스템이 작동하는데 생리할 때 자궁과 혈관이 강하게 수축되는 것, 이것이 여자의 생리통이다. 여자들은 매달 이 생리통을 앓는 것이다.

개인차가 있지만 나는 생리를 할 때 통증이 적은 대신 우울해지고 소심해져서 무슨 일을 제대로 할 수 없었다. 무슨 자신을 향한 명령을 듣게 하는 그런 장치가 있었는지 "너는 아니다"라는 말이 들려오는 듯 빛을 피해 조용한 곳에 앉아 있기도 했다.

심한 여자들은 생리 전 호르몬의 급격한 변화로 잘 울기도 하고 히스테리 도둑질을 하는 여자도 있다. 한 친구는 생리 때 누구도 옆에 가지 않았다. 걸핏하면 화를 내고 물건을 내던지곤 했는데 그 친구 어머니가 학교까지 찾아와서 미안하다고 머리를 숙이곤 했다.

생리는 반드시 여자의 운명인데 여자들은 태초에 이미 그런 멍에를 지고 태어났다고 해도 틀리지 않는 것이다.

생리와 출산으로 철분을 많이 잃으면서 오는 어지럼증과 두통이 여성들을 좀 더 소심하고 내성적으로 아프게 하는 것인지 모르겠다.

임신하면 여자는 생명의 경이를 느끼지만 없었던 병도 유발된다. 자궁근종이나 잇몸병이 생기기도 하고 열 달 동안 입

덧을 하는 여성도 있다. 입덧은 또 얼마나 지겨운 일인가. 새로운 생명이 오는 신호라고 해서 참는 일이지만 그것 또한 딱 죽을 병인 것이다.

여성의 아픈 역사는 그것으로 끝나지 않는다. 나는 류머티즘 종류의 관절염을 앓고 있다. 두 손에 오래전에 이미 변형이 왔고 기분 나쁘게 아리고 아프다. 심할 때는 그 통증을 이겨 내는 데 내 인격 모두를 걸 때도 있다. 그만큼 참기 어렵다는 이야기다.

관절염, 류머티즘 환자 중 90퍼센트가 여성이라고 한다. 호르몬 탓이라는 것이다. 여성들이 호르몬에 취약하다는 것이다. 이런 이유 때문에 남성보다 여성이 관절염 수술을 세 배쯤 더 받는다는 통계가 있다. 실제로 내 친구들도 열 명 중에 네 사람이 관절 수술을 받았다. 친구들이 수술을 하고 누운 병원에 문병을 가면 관절 수술 환자들은 거의 여자들이다. 왜 그렇게 성질 나쁜 병이 여자들에게 많은 것일까 생각하다가 화가 날 때도 있다. 나만 그런가 하고 사람들을 만나 보면 척추 디스크, 갑상선 등의 환자가 하나둘이 아니다.

영국 바스대 의료진이 국제 의학 학술지 《통증》에 발표한 연구 결과를 보면 외부에서 가하는 동일 조건의 자극에 대한 통증 반응 실험에서 여성이 남성보다 통증 감지 시간이 빠르고 참는 시간은 짧았다는 것이다. 여성은 감성이 발달해 아품을 빨리 느끼며, 가족의 위험을 빨리 알리려는 본성이 내재되어 있다는 것이다.

그러나 더 중요한 것은 여성은 통증을 느끼면서 그 통증을 참아 내려는 의지 때문에 남성보다 훨씬 강하고 무엇을 해결할 때 적극적이고 빠른 것이 아닌가 생각된다.

가족을 보호하는 것도 그렇다. 원시시대부터 외부의 적을 막는 일은 남성이 했지만 총체적 의미의 재난을 막는 사람은 가족 안에서 여성이었다.

감성이 예민하고 아픔을 빨리 느끼는 그 예감으로 몸은 늘 아프지만 머리의 회전은 빠른 것이 아니었을까.

그러나 여자들은 왜 그렇게 아파야 하는가. 우리의 어머니, 할머니들을 기억하면 그들의 역사는 통증의 역사라고 해도 과언이 아니다. 아 정말 우리 어머니만 해도 그렇다. 평생을 아팠다. 어디가 어떻게 아픈지도 모르게 끙끙 앓았고, 쑤시고 바위에 눌리는 듯 송곳으로 콕콕 찌르는 듯 아프다는 말은 귀에 딱지가 앉고도 백 번 천 번이다.

그때 그 어머니들은 가사 노동에 시달리고 제대로 먹지 못한 탓이라 해도 새 천 년이 지나가고 100세를 운운하는 이 시대의 여성들마저 만성 통증에 시달리는 사람들이 많다. 이름도 어색하지만 '섬유근통 증후군'은 주로 30대에서 50대 여성들에게 발생한다고 한다. 놀랍게도 6대 1의 비율로 여성이 남성보다 많다는 것이다. 무슨 병명도 없이 무슨 고문처럼 지르르 아픈 이런 병은 혈액검사에도 엑스레이에도 소변검사에도 나오지 않는다. 남자들이 보기에 꾀병으로 오인받기 십상이지만 여성들에게는 심각하고 아찔한 고통이다.

그렇다면 이것은 여성들에게 내린 저주 같은 것일까. 여성들에게 내린 고문 같은 것일까. 여성은 마땅히 고통 속에서 통증을 앓으며 목숨을 연명하는 존재로 만들어진 것인가.

의료계에는 "공자가 죽어야 여성의 통증이 준다."라는 말이 있다고 한다. 유교 사회에서 여성은 아파도 죽기 전까지 통증을 참게 만든다는 이야기다. 개인 감정을 묵살당한 데서 그치지 않고 육체적 통증까지 묵살당한 여성들은 유교 문화를 제창한 공자를 다시 죽여야 하는 것일까.

그런데 재미있는 이야기는 오늘날 진통제는 대부분 남성 위주로 개발을 하고 있는데, 통증에 관한 한 여성보다 남성이 훨씬 더 엄살이 많기 때문일 것이다.

조금만 아파도 남성들은 엄살이 보통이 아니다. 죽을병이라도 든 것처럼 가족들을 불안하게 만든다. 모른 척하면 세상에 혼자 외로운 존재라고 스스로 낙인을 찍기도 한다. 어린아이의 천성을 어떤 남자든 가지고 있다.

그런데 '늘 아픈 아내'가 '잠깐 아픈 남편'에게 뭘 어떻게 해주겠는가 하고 얼굴을 붉히며 열 내는 여성들이 많았다.

2008년은 '여성 통증 퇴치의 해'였다. 얼마나 여성 통증이 퇴치되었는지 궁금하지만 아직도 모든 여성은 아프다는 현실이다. 여성들은 계속 아프다.

공자는 죽었는데 또 다른 신식 공자가 탄생된 것이다. 시대는 여성들을 고민하게 만든다. 자기 계발이 어쩌고 100세 인생 준비가 어쩌고 거기다가 머리 터지는 자녀 교육 문제는 여성들의 통증을 더 커지게 하고 있다.

어디에 살고 아이가 어느 학교를 다니고 어느 학원에 다니는 일부터 자존심을 건드리는 시점에서 여성들의 통증은 예전보다 달라질 게 없다.

'여성 통증 퇴치의 해'가 지났지만 여성들은 여전히 아프고 여전히 위로받지 못하고 있다.

통증은 본인이 느끼는 주관적 아픔이지만 한편으로는 상대방에게 이해받기를 바라는 질환이라는 것. "아픈 여성에게 관심의 모르핀을 놓자."라는 기사(2008년《조선일보》김철중의 의학 속의 WHY 참조)를 읽고 아픈 여성인 나는 관심의 모르핀을 한 대 맞은 기분이었다.

페니실린이 나오고도 지금은 치명적인 슈퍼 박테리아가 등장하여 지구촌을 공포에 떨게 한다. 인간을 병들게 하고 인간을 공포에 떨게 하는 병은 인간이 살아 있는 한 지속될 것이다.

『아파야 산다』의 저자 샤론 모알렘은 인간이 병을 이겨 내기 위해 진화를 거쳤듯이 병을 일으키는 미생물도 인간과 더불어 진화를 했다고 한다. 그리고 그는 말한다. 질병은 재앙이 아니라 축복이라는 것이다.

그럴지 모른다. 아프니까 견디는 능력도 커지고 자기를 낮추는 법을 배우기도 할 것이다. 그러나 무엇보다 질병의 고통으로 인해 인간은 남의 아픔을 이해하려는 선한 마음이 소중하다는 것을 알지 않겠는가.

남자와 여자,
달라도 너무 다르다

왜 남자들은 쇼핑하는 것을 싫어할까.

부부가 백화점을 가도 남자는 의자에 앉아 있고 여자 혼자 여기저기 기웃거리는 모습을 보기는 어렵지 않다.

여자들은 일단 여러 군데를 둘러보고 싶어 한다. 그것이 쇼핑의 시작이고 끝이다. 여자들은 보는 것만이라도 아이쇼핑이라는 제목까지 달아 놓고 보러 다녀야 쇼핑의 맛이 난다.

그러나 남자들은 일단 정해 놓은 물건을 한 가게에 가 사 버리고 나면 일이 없어진다. 다시 둘러 보는 것은 지루하고 무가치하다.

남자들은 미리 생각했던 물건을 사냥하듯 사는 것을 좋아하는데 이런 버릇은 수렵과 채집을 하던 원시시대부터 이어진 습성이라는 것이다. 심리학자인 로버트 슈워츠는 남성은 여성보다 훨씬 과제 지향적이기 때문에 남성이 물건을 사서 바로 나가는 것을 나쁘게 생각하지 말라고 한다.

요즘에는 이런 습성을 목숨 걸고 이겨 내면서 여성의 쇼핑을 기다리는 남자들이 많아졌는데 남성들에게는 괴로운 일일 것이다.

성관계가 끝난 후 왜 여성들은 더 껴안기를 바라고 남자들은 그냥 잠들어 버리는 것일까. 조금 전 약간의 황홀마저 싸늘하게 버리고 싶을 만큼 특히 한국 남자들은 성에 대해 불성실하다고 한다.

남성과 여성의 차이점에 관한 속설이 얼마나 맞을지는 모르지만 언젠가 미국의 CNN 방송에서 남녀 간의 차이는 대부분 고고인류학적으로 설명이 가능하다고 말했다.

그 방송에 따르면 성관계 도중 우리의 몸에서는 옥시토신이란 호르몬이 분비된다고 한다. 옥시토신은 성관계를 할 때, 키스할 때, 포옹할 때 증가하는 황홀한 감정인데 남성 호르몬인 테스토스테론은 옥시토신의 효과를 중화시키는 역할을 하기 때문에 남성들은 성관계 후 곧바로 잠에 빠진다고 한다.

그렇기 때문에 여성들은 곧바로 잠드는 남성을 재미없는 남자라든가 애정이 없는 남자라든가 여자의 마음을 몰라주는 남자라고 오해하는 일이 없어야 할 것 같다.

여성은 남성에 비해 추위에 약하다. 나도 너무 추위를 타서 내가 아무리 좋아하는 남자라도 영하권에 거리 데이트는 사절이다.

미국 메이오 클리닉의 설명에 따르면 여성은 평균적으로 남성보다 몸이 작아서 기초대사율이 낮고 몸에서 생기는 열이 적기 때문에 추위에 민감하다는 것이다. 그리고 여성들은 단열재 역할을 하는 근육량도 적기 때문에 남성보다 더 추위에 약하다고 한다.

그래서 영화를 봐도 남성이 웃옷을 벗어 여성의 어깨에 걸쳐 주는 장면은 수없이 볼 수 있다. 그런 장면을 하도 많이 봐서 나는 남자의 웃옷을 여자의 어깨에 걸쳐 주는 것이 연애인 줄 알았다.

그리고 더 특별하면서 재미있는 것은 남자는 문제를 해결하는 일에 여성보다 쾌감을 더 느낀다는 것이다. 남성은 문제에 부닥치면 해결 방안을 찾는 데 집중한다. 문제 해결을 하면 쾌락을 증가시키는 뇌 속 도파민 수치가 높아지는데 이 때문에 남성들은 모르는 길을 절대로 물어보지 않고 혼자 찾아내려고 안간힘을 쓴다.

운전석 옆에 앉은 여성이 제아무리 물어보라고 해도 묻지 않는다. 다투는 경지에 가서도 남성들은 묻지 않는다. 입을 잃어버린 사람 같지 않던가.

남성들의 본능 속에는 '나는 할 수 있다'라는 지존의 고집이 살아 있어서 그것을 통해 쾌감을 느끼려고 한다는 것이다. 성의 쾌감도 그렇게 느끼고 싶어서 여성들에게 물어보지도 않고 아무렇게나 자기 식으로 이끌어 가는 게 아닌가 싶다. 여자가 바라는 것에서 자꾸 멀어져도 남자들은 그걸 인식하지 못하고 자기 쾌감에 빠져 있곤 하는 것이다.

그러나 여성들은 남에게 문제를 털어놓고 공유할 때 스트레스가 해결되고 이때 생성되는 세로토닌 호르몬이 기분을 좋게 한다는 것이다. 그래서 여성들은 조금만 불편해도 남에게 자꾸 묻는다.

감정 공유를 하면서 기분이 좋아지기 때문에 친구들과의 수다도 시간 가는 줄 모르고 이어지는지 모를 일이다.

"너도 그렇지?"

"응, 나도 그래."

여자들은 이 순간부터 서로 통하며 웃고 속을 털어 내며 친해지면서 막혔던 바윗덩이가 툭 터지고 속이 훤하게 밝아 오는 것이다.

자신이 가진 것
그 이상을 즐기라

우리는 외롭고 아프고 슬픈 운명이라고 자처하지만 우리 여성들은 고통의 현실 속에서 살아가는 음지의 꽃처럼 결국 꽃을 피워 내는 힘이 있다. 그러기에 여자는 더 강한 게 아닌가.

여자가 나일론보다 더 질기다고 한 것이 벌써 60년이 넘었다. 지금도 질기지만 부드럽고 가벼운 소재로 더 발전하여 활용 가능성이 많은 질감의 정신성으로 여성은 변하여 왔으며 또다시 기대 이상으로 변하게 될 것이라고 믿는다. 그것이 여성의 행복이 아닐까.

그러므로 외로움도 슬픔도 고통도 즐기는 방향으로 그 모든 감정을 내가 지휘할 수 있는 큰 통찰력을 여성들은 가져야 하지 않겠는가.

즐거움이 단지 고통이 없는 상태가 아니라 다양한 방식대로, 자기 인생을 키우는 방향으로, 긍정적인 감정의 연속성으로 이끌어 가야 하지 않겠는가.

자연학 공부를 하는 사람들의 이야기를 들어 보면 자연도 더 잘 살아남을 수 있는 행동에 대한 보상으로 즐거움을 베풀기를 좋아한다는 것이다.

모든 사계절의 자연을 보라. 단지 하찮아 보이는 풀 하나도 열심히 자기를 보이고 (사람에게 칭찬을 받건 말건) 베풀고 사라진다. 그다음 해에 다시 나타나지만 그 존재는 우주에 내내 있는 것이 아닌가.

인간은 더더욱 이 삶의 형식 안에서 자기 존재를 보다 더 잘 사는 쪽으로 스스로 이끌어 가고 그것을 즐거움이라는 자신의 감정적 창조물로 키워 가야 하는 것이다. 그것이 사람이 가장 아름다울 때가 아닌가.

독일어에는 능숙한 일을 함으로써 얻어지는 즐거움과 만족을 뜻하는 '풍크치온스루스트'라는 단어가 있다. 우리에겐 좀 어색하지만 이 풍크치온스루스트는 어떤 행동을 함으로써 동기부여가 더 커진다는 이론을 가리키는 말이라고 한다.

동물들은 원래 생존에 중요한 일을 하는 데 능숙하지 않는가. 긴팔원숭이들은 가지 사이를 그네 타듯 왔다 갔다 하고 땅돼지 한 마리가 땅 파는 것을 사람 네 명이 따라잡지 못한다고 한다. 동물들의 생존 기술은 놀라운 것들이 많다.

이처럼 사람이 동물 생존법을 하려고 단단히 마음만 먹으면 지구상에 하지 못할 일은 없다는 것이다.

환희, 기쁨, 기대, 위안, 황홀, 들뜸, 만족이 내 안에 있는 무늬인데 긍정적인 확신을 가지면 그 무늬가 자신의 인생에서 짙게 나타나며 모든 색상이 밝아지는 것이다.

우리는 외로워하고 슬퍼하고 고통스러워하며 불행이라고 단정 짓기도 했지만 어떤 형태의 고통이더라도 우리가 경험한 고통은 육체적이라기보다 정서적인 문제였을 것이다. 어쩌면 현실적인 문제보다 우리가 감상적으로 가지고 있던 내면의 정서가 현실보다 더 고통스럽게 생각하도록 만든 것은 아닐까.

그러니 생각해 보면 그 고통이 육체적일지라도 그것이 우리 현실이더라도 고통을 느낄 수 있는 정서는 언제라도 기뻐할 수 있는 즐거움으로 바뀔 수 있는 기능을 가지고 있다는 것이다.

내가 나의 삶을 방치하지 않는다면, 내가 나의 삶을 좀 더 사랑한다면, 외로워하고 슬퍼하고 고통스러워하는 대신 즐거워할 수 있는 것으로 밀고 가는 것, 그것이 여성의 힘이라는 것이다. 그렇게 할 수 있는 힘의 주인공이 바로 당신이다.

그러므로 남편을 사랑하는 일은 남편을 키우는 일이라는 것, 남편을 키우는 일은 전 가족을 사랑하는 일이라고 생각해야 한다는 자기와의 약속이 지금 필요하다.

물은 1도만 모자라도
끓지 않는다

불소통의 벽을
허물라

　새 시대, 새 문명, 새로운 변화의 중심에 서 있는 사람들이
바로 30대 여성이다.

　그들은 우리나라가 가난으로부터 벗어나고 교육이 활발히
부흥하는 시대에 태어났다. 그러므로 문화적으로나 시대적으
로 변화가 급격하는 사회 속에서 성장했다고 볼 수 있다.

　그들이 학교를 졸업하고 사회로 나올 때부터 우리나라뿐
아니라 세계적으로 삶의 콘텐츠가 달라졌고 기계문명이 머리
위로 스치는 것이 아니라 바로 그들의 생활 중심으로 들어와
생활 자체가 바로 문명이었던 것이다.

　디지털 시대라는 것이 그들의 손에서 움직이지 않았는가.
인터넷이 가지는 엄청난 변화를 그들은 일상 속에서 겪었고

일상으로부터 문화는 살아 움직였던 것이다. 바로 변화의 주인공들이었다. 그러나 그들이 성장하여 20대를 넘어 30대로 접어들면서 모든 것은 간단하지 않았다.

사회 통념과 부딪치고 기성세대와 부딪치고 서로 엇갈리는 사고로 부모와의 대립도 만만치가 않았다.

아날로그와 디지털의 대립이기도 하고, 새롭고 참신한 아이디어에 대해 인정은 하지만 인간적 자세에 대한 이해가 불충분하여 엇갈리는 불소통은 오늘의 30대들을 괴롭게 한다.

35세 우민영 씨는 결혼한 지 3년이 되었고, 중소기업 홍보과에 근무 중이다. 남편은 평범한 회사의 회사원이다.

남편은 세 아들 중 장남이고 시부모님은 이 아들에 대해 끔찍하게 기대를 하고 있다. 뻔하게 보수적이다. 부부에게는 아직 아이가 없으나 이제 가져 보려고 노력 중이다. 시댁에선 약을 지어 오고 친정에서도 마음을 쓰고 있다.

그러나 우민영 씨는 아이가 급하지 않다. 시댁에서 지어 온 약 봉투만 봐도 열이 오른다. 그런 상태에서 임신이 가능하지 않을 것이다. 10년 된 것도 아닌데 왜 나를 달달 볶아…… 하고 화를 내기도 한다. 그녀는 직장에서 인정을 받고 싶다. 그러나 직장에서 제자리를 굳건히 지키기는 쉽지가 않다.

그녀와 같은 세대들이 성장할 무렵 우리 사회는 도전적인 삶을 살라는 인생 교훈들이 남발되었다. 모든 책은 자기 계발

서처럼 보였다.

물론 책도 사 보았다. 그러나 발목을 잡는 것은 기성세대와 푸르게 젊다는 그녀 자신과의 거리감이었다. 불소통이 태산처럼 높아 보였다.

직장 상사도 그날그날 안이한 태도로 보였다. 그녀의 계획서 같은 것은 관심 밖이었다. 늘 팽팽한 긴장감이 있거나 아니면 불가능하다는 좌절이었다.

친정 어머니도 한몫했다. 주말이면 반드시 가던 친정 나들이도 넘기게 되자 어머니는 하나밖에 없는 딸이 무심하다며 서운하다는 말을 대놓고 한다. 그보다 더 심각한 것은 시부모님이다. 별 보탬도 안 되는 직장을 그만두고 살림이나 하면 아이라도 들어설 것 아니냐는 것이다.

"네 월급이 얼마나 되니?"

정면으로 묻기도 하고 대답을 안 하면 "아니 내가 뭐 네 돈 달라고 할까 봐 그러냐?" 하며 신경을 건드린다는 것이다.

대학까지 졸업한 시어머니의 닦달이 은근하면서 심각하다고 한다. 어떻게 보면 아무 문제가 없어 보이지만 이런저런 소소한 문제 속에서 우민영 씨는 인생이 즐겁지 않다.

이런 문제 정도는 누구나 겪는다고는 하지만 실제 자신은 빠져나갈 구멍도 없고 답답하고 숨통이 막힌다.

남편을 포함해서 가족 누구도 자신의 마음을 알아주지 않고 소통이 되는 사람도 없다. 남편은 연애할 때는 꽤나 툭 트인 속 넓은 남자로 보였는데 살아 보니 도움이 전혀 안 되고 자기만 챙기는 이기주의만 드러나고 있다. 아직 집도 없고 전세는 자꾸 오르고, 거기다 뭐든 가능해 보이는 친구들의 뉴스에는 귀를 막고 싶다.

여기서 어떻게 아이를 낳는가. 그녀는 마음으로 자꾸 미루고 있다. 아무것도 만족이 되지 않고 어른들과의 불소통은 괴롭기만 하고 미래는 불안하고 불투명하다.

그러나 그녀는 미래에 대한 포부만큼은 있다. 자기 분야에서 꼭 두드러진 인물이 되고 싶은 것이다. 생각한 것이 대학원 공부다. 전문성을 더 키우고 싶은 것이다. 물론 시댁 부모, 친정 부모, 남편, 직장 상사, 모두에게 반대를 당했다.

정신이상자 대하듯 한다.

"지금 뭐랬냐, 뭐 대학원 공부!!!"

장남인 아들이 지금 마흔이 넘었는데 아이 낳을 생각은 하지 않고 엉뚱한 생각을 하는 것을 도저히 이해할 수 없다는 것이다. 시부모님은 불같이 쩌렁쩌렁 화를 내고 그녀는 지금 깊은 고민에 빠져 있다.

고통을
훈련하라

지금 우민영 씨는 당연한 고민을 하고 있다. 30대는 이제 시작의 출발선에 서 있는 사람들이다. 시작에서 모든 걸 완벽하게 갖춘 사람이 어디 있겠는가. 그녀가 가진 고민은 누구나 그 나이에 가지고 있다. 어쩌면 그 나이에 겪는 고민 중에 아주 약한 고민을, 행복한 고민을 하고 있는 사람인지 모른다.

우선 결혼을 했고(이것이 해결 안 된 여성도 많다.) 직장이 있고(이것도 행운이다.) 남편이 건강하다.(이것도 행운이다.)

이 세 가지의 문제가 해결되지 않아서 고민 중인 30대 여성도 부지기수다. 우민영 씨는 이 세 가지가 해결되었다고 해서 지금 행복한가. 아니지 않는가. 이 고민은 삶을 좀 더 윤택하게 살고 싶은 의욕에서 나온 고민이므로 불행한 고민은 아니다. 그런데 그녀는 괴롭고 외롭다. 자기를 이해해 주는 사람이 없어 답답하다.

30대는 이렇게 고민하는 시기이지 않는가. 30대에 이런 고민도 없이 원하는 것을 다 가진 사람은 없겠지만 만약 있다면 그것은 아주 소수의 여성들일 것이다. 그들에게 물어보라. 행복하다고, 만족하다고 말하지는 않을 것이다.

삶이란 모두 이런 불만족 속에서 성장하는 것이다.

불소통은 다른 사람에게만 이유가 있는 게 아니다. 당신에게도 있다. 그것을 찾아 변화하는 모습을 당신부터 보여야 할 것이다.

남편의 이기주의를 고민하지 마라. 남편 입장에서는 바로 당신도 이기주의로 보일 것이다.

여자들은 남편의 외조를 받는 것을 꿈꾸지만 누구나 그런 남자를 만드는 것은 아닌 것 같다. 세상에는 외조의 달인이 있다. 외조의 달인들은 파트너의 약점을 강점으로 승화시키는 능력을 보인다.

발레리나 강수진의 남편 툰치 소크멘은 그녀가 콤플렉스로 여겼던, 뼈가 뒤틀리고 굳은살투성이인 발을 자부심으로 바꾸어 놓은 사람이다.

무용수 출신의 툰치는 연애 시절 강수진의 발을 사진으로 찍은 후 액자에 넣어 선물했다. 이 사진은 한 대중매체를 통해 수많은 사람들에게 알려지면서 겉으로 우아해 보이는 발레리나의 피나는 노력을 대중에게 각인시켰던 것이다.

그리고 그 못생기고 뒤틀린 그녀의 발을 사랑하는 남편의 마음까지 대중에게 알려지면서 강수진은 더더욱 세계를 넘나드는 발레리나가 된 것이다.

더 힘을 낼 수 있었고 도저히 자신이 넘을 수 없는 한계도 넘을 수 있었을 것이다. 사랑은 그런 것이다.

그러나 약점까지 사랑해 주는 남편이 누구나 되는 것은 아니다. 왜 우리에겐 없냐고 투덜댈 필요는 없다. 차라리 "나는 강수진이 아니다."라고 생각해야 한다.

강수진이 그런 사랑을 받을 때 그녀가 남편을 사랑하는 남다른 자상함이 있었을 것이다. 나는 그렇게 생각한다. 세상의 모든 일의 이유는 자기 자신에게 있다는 것을 나는 살아오면서 통감했다.

나는 내가 한 만큼에서 늘 10퍼센트로 부족하게 받아 왔거나 때로는 50퍼센트 적게 받아 왔다고 생각한다. 내가 한 만큼도 못 받는 게 보통이다. 나는 나에게 그렇게 말해 왔던 것이다. 그러므로 우민영 씨는 자신의 목표가 서 있다면 남편에게도 시부모님에게도 직장 상사에게도 긍정적인 태도로 우선 점수를 따내어야 한다.

말도 안 되게 이기주의자로 철없는 여자로 보이지 말고 열

명에서 적어도 여섯 사람에게는 유능하고 부지런하고 희생적인 사람이라는 말을 들어야 한다.

집안이 편해야 자기 계발도 순조로울 수 있다는 것을 명심해야 한다.

자신의 꿈을 달성하는 사람의 다른 점은 모든 것을 긍정적으로 풀이하고 자신이 먼저 다가가서 겸손하게 더 많은 일을 한다는 것이다.

조금 덜 하기 위해 노력하지 말고 그 수고를 더 많은 일을 하는 쪽으로 기울이면 마음도 편하고 일도 잘 풀린다.

기성세대와는 잘 안 통하게 되어 있다. 살아온 것이 다르기 때문이다. 소통이 안 된다고 짜증을 부리면 안 된다.

나는 30대 중반의 딸과 잘 어긋난다. 내 딸은 나보다 더 세련되고 구질구질한 감정을 딱 싫어한다.

밥을 먹을 때 냉장고에서 음식을 꺼내며 난 이상하게도 마음에 없는 말을 한다.

"이거 오늘은 먹어 치워야 한다. 상할 것 같아."

내 딸이 질색을 한다. 먹으면 먹었지 왜 먹어 치워야 하는가, 왜 음식을 앞에 놓고 상한다는 말을 하는가가 내 딸의 항변이다. 얼마나 맞는 이야기인가. 그러나 나는 우리 어머니가 자주 한 말을 나도 모르게 하는 것이다. 제발 내 딸 깔끔이는 다음에 자기 딸에게 그런 말은 하지 않을 것 같다. 다행이다.

나도 그 말을 좋아하지 않고 지겨운 말이지만, 나도 우아하게 밥을 먹고 싶은데 그런 말을 해 버리고 마는 것이다.

30대는 그렇게 비위생적인 말은 하지 않을 것이다. 그것이 차이다. 크게 나쁘지 않다. 만사가 그런 정도의 차이일 것이다.

다시 말하지만 30대는 출발하는 나이다. 조건이 갖추어지지 않았다고 해서 불안할 필요는 없다.

30대의 생명은 도전이다. 이것은 한 인간이 자기 목표를 설정하고 가는 마음의 시발점이기 때문이다. 그러나 이 도전은 상처와 고통과 친할 수 있는 정신적 다짐이 되어 있어야 한다.

그래서 '시작하라'고 했던 것이다. 시작하지 않으면 도전은 없지 않은가.

나는 다시 말하지만, 남편의 심각한 병과 나날이 거칠어지는 집안 분위기와 시어머니가 척추 손실로 누워 있는 상황에서 아이들이 이제 막 초등학교를 다니던 그 시절, 주머니는 우는 바람 소리를 내는 시점에서 못하는 실력으로 대학원 공부를 시작했다는 것을 나의 이력의 가장 큰 기적이며 별이라고 스스로 생각한다.

현실이 각박하면 더 일찍 결단할 수 있을지 모른다.

도전은 고통과 어깨동무를 하고 눈물을 친구로 삼아야 가능하다. 그런 각오가 반드시 필요하다. 자존심을 다쳐도 참아야 하는 어려움도 있다. 여기 열거하지 않는 어려움은 더 많다는 것을 잘 알고 있을 것이다.

그다음이 자기 스스로를 통제하는 것이다. 도전이 좋다고 현실감각도 없이 덤비면 안 된다. 자신의 현실을 잘 살펴 어떤 구조로 가는 것이 가장 현명한지 여러 각도로 고민해야 한다.

자신을 컨트롤할 수 없는 여성은 사회 속에서도 이해받지 못한다. 너무 나서지도 너무 뒤로 물러나지도 않는 지혜와 기지가 필요하다. 그래서 자기 확인이 필요하다고 한 것이다.

자신의 결점을 잘 알아서 자기가 가고자 하는 길의 티켓으로 사용할 줄 알아야 한다.

그다음이 성실이다. 완전히 몰입해서 그 일의 성과를 거두는 것이 중요하다. 다 비슷비슷한 일을 하는데도 두드러지는 사람이 있다. 판단력이 빠르고 생각이 깊고 세상을 잘 알고 있고 추진력이 있는 사람이다.

사실은 누구나 다 그렇게 할 수 있다. 나는 아니다, 라고만 하지 않는다면 말이다.

얼마나 성실히 노력했는지 되도록 냉정하게 자신에게 물어보라. 그러면 답은 금방 나올 것이다.

청춘,
가장 아름다운
오늘

40세 은행원 황지현 씨는 아주 상기된 표정으로 눈을 크게 뜨고 말했다.

"한평생은 영원히 끝이 없다고 생각했고, 나에게 한평생은 이제 겨우 살아 보려고 하는 그 시점이라고 늘 생각하고 있었어요. 그런데 마흔이 됐어요. 한평생은 영원한 것이 아니라는 것을 슬슬 알아가는 중이에요. 너무 짧아요. 인생을 기쁘게 후회 없이 살고 싶어요."

그렇다. 한평생이라는 말은 정말 길어 보인다. 하지만 황지현 씨도 생의 절반은 지나간 것이 아닌가. 인생 100년이라고 해도 활동할 수 있는 시간은 그러니까 절반만 남았다는 이야기다.

그러므로 오늘의 가치, 오늘의 감사, 오늘의 즐거움을 예사롭게 넘겨서는 안 된다. 어떻게 생각하든 그것 하나는 확실해 보인다. 그러므로 30대는 무엇이 올지 모르는 인생에 대한 거룩한 준비 기간이라고 해야 한다.

불안해하지 말고 외국어든 컴퓨터든 인테리어든 뭐든 자기가 흥미를 느끼는 일을 준비해 두어야 한다. 당장에 아무런 필요도 없어 보여서 기운을 빼지만 '나는 언젠가 있을 중요한 일을 위해 준비하고 있다'고 생각하는 여성이 결국 뭐든 손에 잡는 실력 있는 여성이 된다.

언제 써먹을지도 모르는 막막한 일을 한다는 것은 어려운 일이지만 그걸 하는 사람은 반드시 효과를 본다는 것은 확실하다.

내가 좋아하는 사무엘 울만의 「청춘」이라는 시를 소개한다.

청춘이란 인생의 어떤 시기가 아니라
마음가짐이다
장밋빛 볼, 붉은 입술, 부드러운 무릎이 아니라
강인한 의지, 풍부한 상상력, 불타오르는 열정을 말한다
청춘이란 인생의 깊은 샘에서 솟아나는 신선한 정신이다

청춘이란 두려움을 물리치는 용기

안이함을 선호하는 마음을 뿌리치는 모험심을 뜻한다
때로는 스무 살 청년보다 예순 살 노인이 더 청춘일 수 있다

나이를 더해 가는 것만으로 사람은 늙지 않는다
이상을 잃어버릴 때 비로소 늙는 것이다
세월은 피부에 주름살을 늘게 하지만
열정을 잃으면 마음이 시든다
고뇌, 공포, 실망에 의해서 기력은 땅을 기고
정신은 먼지가 된다

예순이든 열여섯이든 인간의 가슴에는
경이로움에 이끌리는 마음
어린아이와 같은 미지에 대한 끝없는 탐구심
인생에 대한 즐거움과 환희가 있다
그대에게도 나에게도 마음 한가운데
수신탑이 있다
인간과 하느님으로부터 아름다움, 희망, 기쁨, 용기
힘의 영감을 받는 한 그대는 젊다

그러나 영감이 끊어져 정신이 싸늘한 냉소의 눈에 덮이고
비탄의 얼음에 갇힐 때

스물이라도 인간은 늙는다

머리를 높이 쳐들고 희망의 물결을 붙잡는 한

여든이라도 인간은 청춘으로 남는다

황지현 씨도 두려워할 것이 없다. 당신은 오늘을 감사하게 생각하고 오늘의 기쁨을 알며 오늘의 노력이 반드시 열매로 돌아올 것을 믿는 여성이므로 당신이 마흔이라도 곧 쉰 살이 온다 해도 상관없는 일일 것이다.

당신은 언제나 청춘일 자격을 갖춘 여성이다.

한평생 '오늘이 가장 기억될 만한 날'이라고 생각하면 어떨까. 뭐든 진실하게 하고 감동적으로 하고 (짜증이 날 때도) 좋은 쪽으로 가고자 하는 마음의 결단만 가진다면 어려운 일도 아닐 것이다.

마음이 시들해질 때 복식호흡을 두어 번 하고는 자신에게 "나는 좋은 쪽으로 가고 있다." 그렇게 말한다면 지금 겪는 어려움이 조금은 참을 만하지 않겠는가.

우리가 하루하루에만 충실할 수 있다면, 이날은 다시 오지 않는다, 라는 흔한 말이라도 떠올린다면 조금씩 기분이 상승할 것 같지 않은가.

그러나 진정 30대가 앞으로 사회 속에서 '인물'이 되고 싶으면 재주나 기술만 좋아져서는 안 된다. 자기의 기술을 빛내는 것은 오히려 인간적인 마음이다.

미국의 철강왕 앤드류 카네기는 사람 마음을 알아주는 명인이었다고 한다. 그는 누구에게나 먼저 다정하게 말을 걸었고 그의 인사는 아침이든 저녁이든 똑같이 "힘들지요?"였다. 그때도 힘들지 않은 사람이 어디 있었겠는가. 가난했을 때도 철강왕이 되었을 때도 누구에게나 그렇게 인사를 했다는 것이다.

인간적인 따뜻함은 하느님도 감동시키지 않겠는가. 그가 죽고 그의 비석에는 "마음을 알아주는 이, 여기 잠들다."라는 세상에서 가장 아름다운 비문이 적혀 있다.

그에게도 왜 어려운 고비가 없었겠는가. 그때마다 사람들은 진심을 주는 그에게 마음과 힘을 보탰고 그를 훌륭한 사람으로 키웠던 것이다.

절대로 혼자 하는 일은 없다. 서로 돕는 것이 중요하다. 마음을 이끌어야 한다.

가족, 동료, 친구들에게 생일 카드라도 매해마다 한다면 그것도 기억에 남을 일이다.

연구하라. 무엇이 진심으로 다가가는 것인가를.

늙는 것이 아니라
성장하는 것이다

제2의
유전자를
가동하라

사(四)십 대를 사(死)십 대라고 부르기도 한다. 병이 많이 생긴다는 뜻이다.

40대가 되면 신체적으로 면역력이 떨어지고 삶에 대한 도전력도 눈에 띄게 하락해서 나는 아무것도 할 수 없다는 자가 진단을 내리기 쉬워진다고 한다.

그러나 반면 40대가 가장 살고 싶어지는 나이라고 한다. 30대까지 우물쭈물 살아오기 십상이고 주어진 여건에서 벗어나지 못하고 안으로 불만만 키우면서 젊음이라는 역동적 에너지를 제대로 키우지 못하고 자신을 질질 끌어왔다고 할 수 있다.

그렇게 30대가 지나고 40대가 되면 초조하면서도 긴장된 마음이 무엇인가 하게 만들고 뭐든 잘해 보고 싶다는 막연한 의욕이 불쑥 일어선다고 한다.

'나는 아무것도 아니다'를 '나는 무엇이다'로 바꾸고 싶어지는 의욕도 생긴다고 한다.

마흔이 되면서 인간이 타고난 유전자의 에너지가 시들해지고 사라지기 시작한다면 결국 새로운 유전자를 가동하는 정신의 공장을 개설해야 하는 것이다. 40대는 제2의 유전자를 만들어 내는 가장 적합한 나이다. 질 좋은 유전자는 40대가 만들어 내는 정신의 에너지라고 말한 사람들은 많다.

여든이 된 어느 시인은 하느님이 착하게 살았다고 다시 지난 세월 중 10년을 택하라고 한다면 단연 20대가 아니라 40대를 선택하겠다고 했다. 여자의 일생 중 가장 멋있는 나이라고 했다. 그것은 나도 마찬가지다. 만약 나에게 20대를 다시 살라고 하느님이 명령하신다면 나는 정말 하느님이지만 거절할 생각이다.

연애하고 결혼하고 아이 낳아 기르고 하루 세 번 밥하고…… 아찔하다. 큰 소리로 노 땡큐!를 연발할 것이다. 나도 40대가 좋았다. 그나마 내 인생이라는 것을 시작했을 때니까…….

다른 여성들도 흔히 아이들은 자라서 말을 알아듣고 혼자 밥을 챙겨 먹고 남편에서도 조금은 자유로워져서 큰소리도 좀 치고 늦게 들어가도 이해해 주고 자기가 하고 싶은 일을 슬슬 도모할 수 있는 세상도 보고 입담도 좀 걸고 하는 그런 40대가 다시 살고 싶은 나이라고 할 수 있을 것이다.

전 세계의 말을 보면 모두 내일이라는 단어가 있다. 그러나 한국어처럼 단계적으로 모레, 글피, 그글피 하는 말은 없다고 한다. 우리나라가 얼마나 단계적으로 미래지향적인지 우리나라 언어가 얼마나 미래지향적으로 완전한 상징인지, 참 대단한 나라다.

당신들도 이런 정신적 단계를 인생에 두고 미래지향적으로 이끌어 간다면 당신의 40대는 죽어 가는 40대가 아니라 살려 내는 40대가 될 것이다.

물은 1도만 모자라도 끓지 않는다. 당신의 의욕에 1도를 올려라.

당신은 늙어 가고 있는 것이 아니라 성장하고 있는 것이다.

어머니,
맨몸으로 세상을
변화시키는 성자

어머니라는 이름은 여성이라는 이름을 앞선다. 여성에 대한 중론으로 토론을 하다가는 막장 싸움까지 갈 수 있다. 그러나 어머니라는 이름으로는 토론이 성사되지 않는다.

어머니란 이름은 그 어떤 대상과도 겨루기를 거부한다. 어머니는 마리아, 즉 이데아, 인류의 생명력을 그 이름 앞에 바칠 수 있는 거대한 힘이기 때문이다.

하느님이 자신을 인간 사회에 고루 주기 위해 어머니를 만들었다는 말도 있다. 어머니는 설명이 필요없다. 이 어머니라는 이름이 지구상에 사랑을 알렸고 헌신을 알렸고 인간의 됨됨이를 부각시키는 교육이라는 이름을 만들었다.

사랑이라는 그 거대한 예술의 은유는 어머니에서 출발해

서 어머니로 끝난다. 어머니는 사랑의 완성이기 때문이다.

나는 어머니라는 말 앞에 사흘을 울어도 눈물이 그치지 않을 것이다. 어머니라는 이름 앞에 울지 않을 사람이 어디 있겠나. 어머니의 그 사랑을 너무 늦게 알게 된 죄인으로 나는 울었던 것이다. 그 사랑이 그리워서 그 위로가 그리워서 그 따뜻한 목소리, 그 포근한 가슴이 그리워서 울었다.

그러나 진정한 어머니의 위대함은 자기를 뛰어넘을 수 있는 힘이 존재한다는 것이다. 어머니들은 능력이 없어도 돈이 없어도 힘이 없어도 절룩거리는 두 다리로 떨리는 여윈 두 팔로 세상을 번쩍 들었던 것이다.

자식들의 무능을 능력으로 바꾸는 사람도 어머니이다. 어머니는 맨몸으로 세상을 변화시키는 성자라고 말할 수 있는 것이다. 누가 이 사실에 대해 부정하겠는가.

사실 우리나라 40대는 가장 스트레스를 많이 받는 시기다. 정신없이 아이 낳아 기르고 집 이사를 몇 번 하고 나면 인생의 피로감이 만만치 않다. 그렇게 살다 보면 어느새 40대가 된다.

남편과도 그저 그런 관계로 이어지고 감동이 사라지고 짜증만 나고 확 트이는 맛도 없고 제대로 못하는 것만 보이고 남편이 좀 바보 같기도 하고 그래서 살기는 살되 포기하는 부분이 많은 나이, 그것이 한국 여성의 40대다.(사실 남편 입장에서 보면 남편도 똑같다.)

그러나 한국의 40대 여성들이 가장 스트레스를 받는 것은 자녀 교육이다. 한국의 교육열은 미국 대통령 오바마도 인정했지만 엄마가 되면 이것은 보통 문제가 아니다. 우리나라 40대 여성들은 한마디로 만능이 되어야 한다.

40대 여성들이 식당이나 찻집에 모여 앉아 수다를 떠는 것 같지만 그런대로 다 이유가 있다. 읽고 듣는 것만으로는 부족하다. 그런 모임은 흐르고 있는 정보를 수집하는 아주 중요한 거래 공간이다.

그러나 정보를 안다고 해서 다 끝나는 것이 아니다. 돈이 필요하고 남편의 이해가 필요하고 아이를 이끌어 가는 개인 능력과 아이들의 호응이 필요하다. 아이가 말을 안 들으면 정보는 소용이 없게 된다.

한국 엄마들은 자녀 교육에 보탬이 된다면 아마 감옥에라도 웃으며 갈 것이다. 우리나라 어머니들의 자녀에 대한 그 무서운 집중력의 에너지를 뽑아 전력으로 전환시킨다면 적어도 10년은 전 국민의 방을 따뜻하게 데울 수 있지 않을까.

나는 안심도 되고 두려워하기도 하면서 학원에 자녀를 내려 주는 엄마들의 표정을 본다.

엄마들은 바쁘게 돌아다니는 것 같지만 엄청난 괴리감에 몸을 떤다. 목소리가 높아지지만 마음은 춥고 낭떠러지로 추락하고 있는 느낌이다. 그래도 자녀들의 공부를 포기하지 못한다. 매달린다. 운다. 다시 매달린다. 인생이 온통 거기 달려 있다. 자녀의 점수가 5점만 오른다면 세 끼를 굶어도 배가 부르다.

이렇게 되면서 엄마들은 자신의 개인적인 삶은 황폐해지고 어디서도 위로받을 곳이 없어 좌절하고 절망한다. 그리고 인생은 멀미하듯 어지럽고 자기가 설 곳이 애매해진다. 이렇게 자녀들에게 인생의 모든 것이 걸려 있는 것처럼 40대 엄마들은 자신을 바친다.

정말 사랑해서인지 어디에도 기댈 곳이 없어서인지 그것도 아니면 자식이라도 괜찮게 키워 자부심의 일부로 생각하고 싶어서인지…….

대한민국 엄마들은 교육에 지치고 쓰러진다. 전부 몸살이다. 지금 엄마들은 어디에도 해소할 길 없이 오늘도 정보를 얻고 설명회를 다니고 자녀들의 간식을 쇼핑하고 자녀들의 핸드폰에 찍히는 번호에 신경을 곤두세운다.

우리나라 40대 엄마들의 휴식은 언제 오는가. 그 휴식을 진정 기다리고 있는 것인가.

40대 엄마들의 엄청난 자괴감과 두려움, 자포자기, 이런 감정에 대해 가족들이 손잡아 주어야 한다.

그러나 무엇보다, 여성 스스로가 자신에 대한 자부심을 가져야 한다. 사랑하는 아이가 있다는 것이 우선 축복이고 이 아이를 어떻게 사회에 충실히 진입시키는가 고민하는 것은 당연하다고 스스로 나는 내가 할 일을 하고 있다고 격려해야 한다.

마흔이란 나이에 접어들면서 느끼는 허망함과 함께 오로지 자녀들의 성공을 희망하며 온 힘을 쏟아붓는 그 여성들의 정신적 외로움을, 여자들이여! 차라리 자부심으로 바꿔라.

그리고 여성들이여! 엄마들이여! 이 열정의 시간들이 당신에게는 행복한 순간이었다고 기억하게 될 것을 나는 안다.

자녀와 함께 고민하면서 스스로 배우는 것도 많지 않겠는가. 누구나 스쳐 지나가야 할 간이역이다. 그 간이역의 외로움과 고통 그리고 그 순간의 아름다움을 즐기기도 하면서 가지 않을 수 없는 길을 가야 하지 않겠는가.

내가 아는 어느 엄마는 아들의 대입을 눈앞에 두고 새벽 5시의 새벽 미사를 시작으로, 장을 보고 설명회에서 다시 설명회로 학원에서 다시 학원으로 돌아다니고, 다시 성당에서 성경 공부와 기도회로 하루를 끝낸다. 나는 그녀가 인생 전체에서 그렇게 열정적으로 기도하고 전심을 다해 열심히 사는 날이 또 있을까 생각하기도 한다. 그리고 눈물겹고 가슴이 뜨거워진다. 어떤 잡념도 없이 한길에 매진하고 기도하는 그녀의 얼굴은 어느 때보다 아름답고 성스럽다. 나는 그녀의 가정이 서로 사랑하며 서로 힘이 되는 한국의 으뜸 가정이 되기를 바란다.

우리나라 교육열은 우리나라를 받들고 있는 거대한 힘이다. 당신들은 기억할 것이다. "아, 그때 정말 열심히 살았다."

엄마들이여, 그대들은 아름답고 위대하다.

'어머니'라는 이름,
그보다 더
높은 자리는 없다

지상에서 가장 경건한 말, '어머니', 그 외로우면서도 위대한 말……

어머니는 자식을 위해 날 선 작두에도 오르고 황화수은도 꿀꺽 삼키고 돌멩이도 이빨로 툭 자를 수 있는 사람, 바로 신의 이름이다.

지구의 생명체 중에 가장 높은 것은 어머니다. 그것은 논의가 필요없다. 왈가왈부를 애당초 필요로 하지 않는 오직 하나의 존재이기 때문이다.

프랑스 말의 '바다(mer)'는 '어머니(mère)'와 발음이 같다. 또한 바다 해(海)도 어머니 모(母)와 함께 뜻을 같이하는 것이다. 어머니야말로 바다처럼 그 끝이 없이 품속에 생명들을 거느리고 키우며 '어느 만큼'이라는 분량을 초월하는 사랑이라고 말할 수 있을 것이다.

바다는 바로 생명이며 그것을 품는 품이므로 어머니를 바다라고 했는지 모른다. 어머니의 탯속 양수를 터트리며 태어나는 생명체는 그 양수의 생명수를 일생 바다로 기억할지도 모르는 일이다.

어머니는 여성과 또 다른 이름이다. 어머니는 분명 여성이지만 여성이라는 규격 안에 어머니를 놓아두면 그 자리가 너무 비좁아 보인다. 오로지 하나, 오로지 그분, 오로지 비교를 거부하는 하나밖에 없는 존재인 것이다.

어머니는 더 이상 비유법이 없다. 그대로 어머니이고 그대로 어머니의 위상을 가지고 있고 그대로 어머니라는 이름 자체를 가지고 있을 뿐이다.

당신은 어머니다. 여성의 몸속에 있는 '생명의 집'에 생명의 실체가 움직이기 시작하면 여성은 어머니라는 명예의 주인공이 된다.

그 어머니의 명예를 얻고부터 어머니들은 많은 것을 포기하게 되고 사랑이라는 감옥에 갇히기도 했다. 인내의 밥을 먹었다. 생명을 내어놓기도 하고 자식의 두 발밑에 깔려도 좋다고 생각하기도 했다. '너만 잘된다면'이라는 그 자식 사랑 앞에서 그 옛날 우리 어머니들은 자신을 베어 자식을 먹였다.

어머니라는 이름의 명예가 우리나라 역사의 피가 되었다는 것을 잊지 말아야 한다. 어머니가 없었다면 우리나라는, 우리 가정은, 우리 자녀들은 어떤 모습으로 변화했겠는가.

어머니가 있었다. 어머니의 교육, 어머니의 희생, 어머니의 인내, 어머니의 눈물, 어머니의 정신이 있었기에 오늘 우리나라가 있고 오늘 우리 과학, 우리 문화, 우리 발전, 우리나라의 세계적 부상이 있는 것이다.

우리 어머니는 열다섯 살에 장손의 며느리로 들어가 시어머니로부터 아들 셋만 낳으면 아무것도 안 해도 좋다는 말을 들었다고 했다. 그러나 어머니는 딸 일곱을 줄줄이 낳았고 겨우 아들 하나를 낳았다. 아들 하나는 어머니의 생명이었고 자존심이었으나 어머니의 자리는 언제나 위태롭고 고단하기 짝이 없었다.

설 곳 없는 며느리 자리를 지켜내느라 어머니는 아이를 낳은 그다음 날 겨울 냇가에 가서 얼음을 깨고 빨래를 했다고 한다. 거리에 피를 흘리는 것을 동네 사람이 보고 "딸이 웬수"라고 했다는 이야기는 어머니로부터 천 번도 더 들었다.

그러나 어머니는 입 닫고 귀 닫고 눈 닫고 살면서 누구보다 알뜰하게 살았고 딸들이나마 공부를 해서 똑똑하게 살아 달라고 그 옛날 시골에서 마산, 부산으로 유학을 보내곤 했던 것이다.

그 웬수 같은 딸이라도 똑똑하면 살길이 있고 자신같이 살지 않으리라는 것을 어머니는 믿었다고 했다. 그렇게 어머니가 바라던 세상은 왔고 이제 여성들은 또 다른 어머니로 오늘의 세상을 바로잡고 마음의 피를 흘리며 자녀들의 인생을 밝히느라 스스로 촛불이 되기도 하는 것이다.

어머니의 눈물, 어머니의 피는 바로 인간을 아름답게, 세상을 아름답게 밝히는 등불 같은 것 아닐까.

나는 결혼 후 세 살 된 딸을 데리고 친정에 간 일이 있었다. 식구가 많은 집에 사는 내가 제대로 못 먹는다고 늘 걱정하셨는데 모처럼 온 딸을 위해 어머니는 불고기를 조금 장만하셨다.

어머니는 먼저 고기 한 덩어리를 내 밥 위에 성큼 올려놓았는데 나는 그 고기를 내 옆에 있는 딸의 입에 넣으며 "먹어!"하고 강압적으로 말했다. 그때 아이가 입안에 든 고기를 퉤하고 뱉어 내었는데 나는 너무 화가 나고 그 고기가 아깝고어머니 보기에 민망해서 아이 머리를 냅다 때린 적이 있었다.꿀꺽 삼키면 내가 얼마나 행복했겠는가.

"아이구, 에미나 먹으라고 했지!"

어머니는 버럭 화가 났고, 나는 아이 입에서 고기가 튀어나온것만 안타깝고, 우리는 결국 웃어 버렸지만 한국의 어머니들이 이런 웃지 못할 사랑이라는 이름으로 어쩌면 맹목적인그 사랑이라는 이름으로 오늘의 불균형을 바로잡으며 사회는 발전하고 나라는 성장했는지 모른다. 아니 그렇다.

　　어머니의 가슴을 잠자리로, 어머니의 무릎을 놀이터로, 어머니의 젖을 양식으로, 어머니의 정을 생명으로 자랐거늘 어찌 효(孝)의 길을 소홀히 하랴.

「부모은중경」을 음미해 볼만하다.

가족은
상처이면서
자존심이다

어느 해 《타임》지가 인생에서 가장 큰 기쁨을 준 행복의 순간을 물었는데 제일 높은 비율을 보인 것은 '아이들'이었다.

그런데 다시 여성들에게 직접 전화를 걸어 지금 무엇을 하고 있으며 행복하냐고 물었더니 놀랍게도 육아를 하고 있는 여성들 중 행복하다고 대답한 여성이 한 명도 없었다는 것이다.

이런 모순을 우리는 충분히 이해할 수 있다. 행복한 순간을 주는 것이 아이들일지라도 육아의 긴 시간을 모두 행복이라고 말하는 여성은 드물 것이기 때문이다.

나는 젊은 날 시어머니와 남편이 바라는 아들을 낳기 위해 딸 셋을 낳았다. 그때만 해도 딸을 낳는 것이 내 결핍처럼 느껴지기도 했던 때여서 아마도 셋째를 결심했을 것이다. 딸 셋은 그 시절 나에게 현실적으로 과도한 숫자였다.

세상에, 어쩌자고 아이를 셋이나 낳았단 말인가. 현실은 암담했고 돌파구는 보이지 않을 때 아이들은 나에게 던져 버릴 수도 없는 짐이었다. 혼자라면…… 정말 혼자라면 얼마나 자유스럽겠는가.

후배들에게조차도 아이 낳는 것을 말렸다. 자신의 일을 해내기 위하여 일하는 여성으로 살기 위해서는 아이들은 짐밖에 안 된다고 생각했다.

그런데 서른다섯에 가장이 되면서 집안을 꾸려 가야 할 때 막내는 세 살이었다. 그때 세 살짜리 아이가 없었다면 과연 내가 그 시절을 견디며 살았을까.

물방울 같은 혀를 내밀며 뽀뽀를 하고 잠을 잘 때 내 귀를 잡고 흔드는 세 살짜리가 없었다면 아마도 나는 그 불행을 견디지 못했을 것이다.

그 아이가 내게 힘이 되었을지라도 그 아이를 기르고 책임진다는 것은 행복이라고 말하기는 어려울 것이다. 그것은 다 괴롭고 힘든 일이니까.

그러나 내 아이들이 다 자라 어른이 되면서 아이들은 내 보호자가 되었다. 아니 내 가장 절친한 친구가 되었다.

내 모든 걸 주어도 아깝지 않을 그런 친구, 언젠가는 가장 큰 짐이었던, 그래서 벗고 싶고 내려놓고 싶은 짐이었다면, 지금 나는 너무 운이 좋아 딸 셋을 낳았던 것이라고 생각한다. 나는 늘 그렇게 생각한다.

"저 아이들이 없었다면 내가 지금까지 살아 있을 수 있었을까."

어느 설문 조사를 보면 '가족은 내가 가장 사랑하는 사람이다'라는 질문에서 열 개의 나라 중 한국은 3위를 차지했다. '가족은 혈연관계로 맺어진 사람들이다'라는 질문에서도 한국은 3위를 차지했다. 그런데 문제가 있었다.

'가족이 병들어 전문 시설에 맡긴 적이 있는가'라는 질문에는 9위를 했다.

가족 간의 유대 관계는 어떤 비상사태에도 옆에 있어 준다는 믿음이 있다. 한국은 특히 혈연을 무시하지 못할 뿐 아니라 이것을 어기면 천벌을 받는다는 의식이 있기 때문에 전문 시설에 보내는 것을 '내쫓는다'고 생각한다.

나도 오래 앓는 환자로 인해 인생이 어둠 속에서 질식한 채로 살았던 시절이 있었으나 남편과 시어머니를 시설에 눕힌다는 생각은 단 한 번도 안 했다.

그러나 인간의 삶을 중요시하고 개인의 행복을 중요하게 생각하는 나라에서 아픈 환자는 시설에 간다는 것이 상식이다. 지금은 개인의 행복을 위해 누구라도 환자가 되면 각오할 수 있는 사회적 인식을 가질 필요가 있다. 몸은 아프지만 관계는 건강하게 유지할 수 있어야 하므로 우리는 지금 사회적인 인식과 자식들로부터 '버림받았다'라는 생각을 바꾸어야 할 때가 되지 않았나 싶다.

몸도 아픈데 가족 간의 관계까지 병들면 그것은 마지막 죽음일 것이다. 우리는 지금 그런 관계에 대한 가족 간의 바람직한 예들을 궁리하고 의논할 때가 아닌가 한다.

가족은 무엇보다 상처다. 우리가 생각하는 혈연, 아버지 어머니가 바람직하게 살지 못하는 것을 보면 먼저 마음이 아프다. 내 친정 식구가 제대로 구실을 못하면 시댁 식구들에게 자존심이 상한다.

자신과 연결되어 있기 때문이다. 자신과 함께 생각하기 때문이다. 그것은 남편도 마찬가지다. 사람들과 모여 있을 때 내 남편이 귀퉁이에 앉아 제대로 입 한번 떼지 못하고 실직의 괴로운 모습을 보여 준다든가 몸이 아프다든가 기를 못 펴고 있는 그런 모습을 친구들에게 보여 준다면 어떤가. 그것은 우선 자존심이 상한다. 콱 죽고 싶을 것이다. 커튼이라도 벗겨 확 덮어 버리고 싶은 심정이 아니겠는가.

집에 있는 남편이 냉장고 문을 자주 열었다 닫았다 하는 것이 너무 미워서 냉장고 속으로 떠밀어 넣고 문을 콱 닫아 버리고 싶다고 한 어떤 여성의 글을 보고 끔찍했지만 그 마음은 이해가 갔다.

그러나 그 초라한 모습을 친구들이 보았을 때는 기분이 다르다. 속이 터지고 밉고 불쌍하고 복잡한 심정으로 자존심이 깨어지지 않겠는가.

모두 다 가족이라는 이름 때문이다. 가족, 눈물 나는 이름이다.

나는 특별히 가족에 대한 애정과 책임이 각별하다.

내가 어릴 때 어머니는 너무 일이 많아 몸이 부서지면서도 살았고 아버지의 외도로 마음이 피투성이가 되어도 살았다. 대가족이었는데 모두 세상 보란 듯이 그럴듯하게 살지 못했다.

우선 어머니가 상처투성이로 살았고 아버지는 개인적인 호사는 했을지 몰라도 사업 실패로 고충을 겪었고 어머니는 딸들을 잘 키워 대리 만족이라도 하고 싶었는데 그렇게 되지 않았다.

딸들은 어머니 마음에 들도록 자랑스럽게 살지 못했다.

하나밖에 없는 아들도, 어머니 생명의 무게보다 소중했던 아니 더 무거웠던 그 아들도 내가 생각하기엔 어머니 마음에 들게 살지 못했던 것이다.

모자라도 부족해도 함께 살아야 하는 것이 가족이다. 그래서 가족 아닌가. 그럼에도 우리 가족은 좌절과 실패와 절망

안에서도 누가 아프면 위로하고 무슨 명절이면 모이고 누가 죽으면 함께 슬퍼하곤 했다.

나도 그랬다. 도저히 살아갈 수 없는 구겨지고 우그러진 형태의 가족이었지만 옆집 아줌마가 나더러 살며시 밤에 도망가라고 일러 줄 만큼 고통의 벌집 속에서 살 때도 가족이라는 이름 속에서는 희망이 있었던 것이다.

가족은 기쁠 때 슬플 때 늘 함께하는 1순위 아닌가. 나는 음식점에 갔을 때 가족끼리 둘러앉아 같이 허심탄회하게 밥을 먹고 있는 모습을 보면 저것이야말로 한국의 힘이라고 생각한다.

나에겐 자랑거리가 있다. 우리나라도 12월 24일 크리스마스이브를 즐거운 날로 생각하고 친구들과 어울려 노는 날로 여긴다. 그러나 크리스마스이브에 내 딸들은 태어나서 단 한 번도 밖에서 보내지 않았다.

초등학생 때는 물론이고 중학생, 고등학생, 대학생 그리고 결혼해서도 내 딸들은 그날만은 가족과 함께 있었던 것이다. 단 하루도 예외가 없었다.

둘째 아이가 미국에 살 때는 그날 다 돌아가면서 전화를 했고 막내가 미국 유학을 할 때도 그날은 반드시 전화를 하여 위로하며 힘을 보탰다. 그리고 새해를 맞는 12월 31일도 마찬가지다. 내 딸들도 그런 유혹과 흥분이 있는 날 밖에서 친구들과 놀고 싶었을 것이다.

그러나 1년 중 그 이틀은 절대로 내 딸들도 나가려고 생각하지 않았다. 내 사위들은 그 점을 인정한다. 어려웠지만 가족의 명예를 지킨다는 그 정신 그리고 가족에 대한 사랑과 공동체의 힘 그것을 우리는 다 같이 느끼고 있다.

그런 공동체의 사랑이 쌓이면서 가족 중에 안 좋은 일이 일어나도 모두 함께 헤쳐 나가는 준비된 사랑이 생기는 것이다.

나는 우리 아이들이 그렇게 서로 힘이 되어 주는 것을 보면 눈물이 난다. 감사의 눈물이다. 감사의 기도를 하지 않고 어찌 내가 살 것인가 감동의 눈물을 흘리는 것이다.

가족의 이름으로 위로받으며 누구나 무거운 인생을 들고 걷고 있는 게 아니겠는가.

한국 사람은 가족을 위할 때 엄청난 가족 의식이 촉발하는데 이 가족 의식은 이해나 타산이나 피로나 권태나 불만이나 그 모든 이기적인 조건을 이타적으로 승화시킨다는 것이다.

그러기에 가족애는 노동의 밀도를 높게 하고 또한 노동의 질도 양질화한다.

이 바람직한 고밀도 양질의 노동을 가능케 한 가족 의식을 우리 여성들의 일반적인 노동에 가령 자기 발전적인 요소에 가능케 하기만 한다면 그 효과는 엄청나게 상승될 것이며 양질의 노동은 곧 경제력과 직결될 것이다.

가족 사랑의 체온이야말로 지금 저온으로 가차 없이 내려
가는 우리의 희망 온도를 끓어오르게 하지 않겠는가.

여자는
나이와 함께
아름다워진다

어느 신문사의 조사에 의하면 가장 불행한 세대를 50대로 꼽았다. 그 통계에 따르면 1950년대 중반에 태어나 전쟁 후의 황폐한 사회의 불행을 그대로 보고 자란 세대이면서, 대학은 아들들에게 양보하고 내 자식만은…… 하면서 욕심을 기울인 대가는 그 시대가 몰고 온 치맛바람이었고, 외환 위기로 남편의 실직으로 취업 전선에 뛰어들어 일용직을 하고, 아들이 대학을 졸업하니 청년 실업이 앞에 놓였고 제구실을 못한 아들들은 아직도 부족한 부모 앞에 손을 벌린다.

이것은 '경제활동 인구조사' 등을 토대로 재구성한 50대 여성의 삶이다. 통계상으로는 가장 불행한 집단이 50대로 올랐지만 60대도 70대도 이와 비슷한 삶들은 많다.

지나간 세월을 곱씹으며 불행했다고 생각하기 전에 이제는 내가 어떻게 살아가느냐라는 자기만의 생활 방법이 중요하다.

이상한 일이다. 우리는 우리 앞에서 살다 간 사람들을 다 보았다. 그런데 우리들의 인생에서 똑같은 실수를 범한다. 똑같은 실수를 자처하는 것이다.

많은 충고도 있었고 경고도 많았고 수많은 사람들의 실패를 보면서 제대로 된 인생을 꿈꾸었는데 왜 그렇게 살지 못할까.

왜 실패한 어른들의 인생을 똑같이 답습하는 것일까. 나는 이 생각을 하면서 스스로 놀랐다.

어쩌면 우리들의 삶의 방식은 같았지만 그걸 실행하는 의지는 달랐던 게 아닐까.

그렇다. 행복을 받아들이는 데는 별 능력이 필요없지만 갈등을 풀어내는 데는 개인적인 능력이 필요한 것이다.

가령 60대, 70대가 지금 외롭다면 그 외로움을 그들의 어머니, 아버지에게서 보았을 것이다. 어머니, 아버지가 외롭다고 하고 섭섭하다고 할 때 왜 저러실까 했던 그 의문을 지금 살고 있는 것이다.

그러나 잘 살려고 즐겁게 살려고 노력하고 있다면 60~70대는 제2의 황금기가 될 수도 있다. 실제로 생산적이고 건강한 노후를 보내는 사람들이 많다.

영국의 《이코노미스트》지는 "나이 먹어 가는 즐거움"이라는 특집 기사를 실었다. 세계 27개국을 대상으로 한 행복도 조사에서 사람들의 행복감이 평균 45세에 바닥을 치고 그 이후에 급격하게 상승하는 U자형 곡선을 나타낸다고 발표했다.

근육은 약해지고 관절은 뻣뻣해지고 시력은 희미해지고 기억력은 감퇴되고 자신감은 줄어드는 노년이 행복하게 느끼고 있다는 것, 행복한 노년이 고령화 시대에 새로운 시각을 열어 준다고 생각하는 것일까.

미국은 스스로 직업을 하향 지원하는 고급 인력들이 많다. 대학 총장을 하던 분이 유리 닦이를 하는 경우도 있고 장관이 요양원에서 청소를 하기도 한다는 것이다.

그러나 한국에서는 아직 그것이 흔치 않은 일이다.

"내가 ○○를 하던 사람인데." 하고는 하던 일보다 더 하향하지 못하는 것이다. 삶에 대한 질을 높이기 위해서는 무엇을 하는 것보다 무엇을 어떻게 생각하는 인식의 변화가 필요하다.

며칠 전 후배가 프랑스에 다녀오면서 맛있는 과자 한 봉지를 사 왔는데 전해 줄 시간이 없다며 택배로 보내왔다. 그것을 들고 온 사람은 여든쯤 돼 보이는 할아버지였다.

"지하철은 무료이고 걷기도 할 겸 작은 돈이라도 버는 일이 기분 좋아서"였다. 하루에 만 원을 벌어도 5천 원을 벌어도 3천 원을 벌어도 안 버는 것보다 백배는 좋은 일이다. 그 나이에 스스로 번다라는 그 의식이 그를 젊게 하고 자신있게 할 것이기 때문이다. 정신 건강에도 좋지 않겠는가. 그것이 생명에 대한 예의일 것이다. 조금만 움직일 수 있다면 말이다……

생활 습관을 바꾸는 것이 가장 효과적이라고 말하는 사람도 있다. 가장 먼저 욕심을 버리고 심신을 맑게 하라는 것. 그렇게 나이 들면서 심플해지고 모든 것에서 벗어나서 의식은 명료하게 살면 그것이 자기 이미지를 확실하게 나타내는 멋이라는 것이다.

아름답게 하는 것을 포기하지 말고 언제나 자기를 가꾸고 자기에게 어울리는 멋을 찾고 우아하게 자신을 다듬어야 한다. 자연과 친해지면서 건강을 돌보고 조금 수고스럽더라도 자연 건강법을 추구하는 것도 좋은 방법이다.

모두 반드시 지금 내 나이에 해야 하는 천금 같은 말이다. 늙는 것이 아니라 성장하는 것이다.

자식에게 올인 말고 자기 미래를 준비하는 것은 절대 잊지 말아야 하며, 인생의 기대 수준을 낮추는 것이 반드시 필요하다. "내가 그런 걸 하다니, 내가 옛날에 ○○를 했던 사람인데."라는 말은 제발 거두어야 한다.

겸허히 눈부시지 않게 감사의 나날을 보내면서 살아야 할 것이다.

신문과 방송에 여러 번 나온 이야기지만 시바타 도요 씨는 지금 일본의 베스트셀러 작가다. 나이가 99세인 할머니다. 그녀가 쓴 시집이 일본 열도를 뜨겁게 달구고 있다.

나도 희망을 버리지 않아야겠다. 어머나, 99세라니……. 그녀의 시집 제목은 한국말로 『약해지지 마』이다.

가장 약한 사람이 약하지 않은 사람들을 위해 약해지지 말라고 당부하면서 인간의 마음속에 누구나 자리 잡고 숨어 있는 '약함'을 위로받게 한 것이다. 누구나 생각했지만 누구나 말하지 못했던 마음을.

가족, 사랑, 희망 같은 자칫 잊기 쉬운 단어들을 새롭게 일으키면서 새 희망에 불을 지핀 장본인이다. 그녀가 쓴 시는 위로라는 약이었으며 박수를 보내는 응원이었던 것이다.

그녀의 평범한 시는 평범한 우리들의 마음을 움직인다.

사람과 인생이 얼마나 중요한지 일깨우는 할머니의 시를 읽고 자살하려던 여학생이 살아나 펜을 잡았고 감동을 받은 여성들이 편지를 보내온 것만도 1만 통이 넘는다고 한다. 그러나 그 할머니는 오히려 그 편지들이 자신의 햇볕이라고 말한다는 것이다.

99세는 아직 활동 중이다. 특별하게 생각하지 말기 바란다. 누구나 할 수 있는 일이다. 베스트셀러가 되지는 않을지 모르지만 느낀 점을 왜 글로 쓰지 못하겠는가. 지금까지 살아온 이야기를 외로울 때 심심할 때 써 보면 어떻겠는가. 그런 것을 자서전이라고 말하지 않던가. 할머니의 시도 바로 그녀의 자서전이었던 것이다.

인생은 누구나 무대 위에서 자신의 인생을 산다. 누구나 무대 위에서 배우가 된다. 당신 스스로 객석에서 당신의 인생을 보라. 좀 더 확장하고 싶은 곳이나 조금은 버려야 할 것들을 보고 정돈을 하면 어떻겠는가. 그것도 자신을 사랑하는 하나의 방법이다.

인생의 고뇌를 겪은 자만이 생명의 존엄성을 알듯 나이가 든다는 것은 어느 백자 항아리를 만드는 것과 다를 바가 없지 않겠는가. 당신의 인생은 바로 당신의 작품이다. 그래서 당신의 인생은 귀한 것이 아닌가.

우리나라 속담에서 내가 가장 싫어하는 것은 '오르지 못할 나무는 쳐다도 보지 말라.'와 '뱁새가 황새를 따라가다 가랑이가 찢어진다.'라는 속담이다.

나는 반격한다. 오르지 못하는 나무도 쳐다보고 다시 쳐다본다면 오를 수 있고, 뱁새도 황새를 따라가노라면 황새에 근접하게 되는 것이다. 아예 처음부터 싹을 자르는 이런 속담이야말로 인간의 한계를 확 그어 놓는 것이다.

할 수 없는 것도 해 보아야 한다. 그래야 하는 사람들을 이해하고 존중할 수 있게 되며, 열심히 하다 보면 결국 당신도 할 수 있게 되는 것이다.

5강

행복은 여자가
창조하는 신화다

핸드백은
여자들의
은밀한 방

나의 핸드백은

내 가슴속의 숨은 방과 같습니다

남들은 잘 열지 못하고

열지 못해서 남들이 조금은 궁금한 내 핸드백은

때때로 나도 궁금해 손을 넣어 뒤적거리곤 합니다

열쇠와 지갑만 잡히면 안심이지만

그 두 가지가 정확하게 보이는데도

무엇이 없어진 느낌으로 여기저기 마음의 주머니를

더듬다가 덜컹 가슴이 내려앉곤 합니다

무엇인가 밀물져 왔다가

썰물처럼 밀려갔는지

황토 빛 뻘이 아프게 펼쳐져 있습니다

오늘은 찾아도 찾는 것이 없어서

속을 확 뒤집어 쏟아 버렸지만

알량한 내 품위가

남루한 알몸으로 햇살에 드러나

쑥밭 같은 마음들을 재빠르게 주워 담습니다

내 핸드백 속에는

내 심장 박동 소리가 들리곤 합니다.

— 졸시 「핸드백」

여성들의 핸드백에는 무엇이 들어 있을까.

누구나 비슷하겠지만 먼저 쇼핑을 할 수 있는 카드와 현금이 있을 것이다. 화장품이 가볍게 들어 있을 것이고 그다음은 손수건, 그다음은 필기도구, 그다음은 약, 그다음은 개인별로 특징적인 물품이 있을 것이다.

그리고 내가 들어 있다고 생각하는 것은 사랑이다. 사랑에 대한 갈망, 언젠가 나에게 이루어질 것이라는 믿음, 그리고 나는 여자라는 표정이 거기 들어 있을 것이다.

여성들의 핸드백 속에는 여성의 가능성이 들어 있다. 열망, 환희, 우연, 쾌감, 꿈, 이상, 두려움, 만남, 놀라운 경이, 충격, 그리고 번뜩이는 아이디어들이 들어 있다. 그리고 그 가능성은 아직 열지 않아서 내용물이 무엇인지 알 수 없는 것들도 있다.

여성들이 핸드백을 소중히 생각하는 것은 그것이 자신의 내부, 즉 마음과 함께 동거하는 유일한 물건이기 때문이다. 여성들은 때로 마음의 변화에 따라 핸드백이 곁을 지켜 주는 또 하나의 자신처럼 느껴지기도 한다. 총체적으로 핸드백은 바로 자기와 연결되어 있는 것이다.

나는 늘 큰 핸드백을 좋아했다. 왜 나는 큰 백을 좋아하는지 곰곰이 생각한 적이 있다. 키는 작으면서 큰 백을 좋아하는 데는 이유가 있었다. 여유였다. 나는 꽉 찬 것을 견디지 못한다. 핸드백도 여유가 있어야 거기서 무엇인가 살아 생성할 것이라는 막연한 믿음이 있다. 너무 꽉 차면 거기 있는 물건들도 숨이 막힐 것 같고 나도 답답해지는 것이다.

뭐든 빈틈이 없는 것은 싫다. 빈틈에서 늘 무엇인가 생겨나고 빈틈에서 마음이 넉넉해지는 것이기 때문이다.

그래서 여유가 좋다. 나는 꽉 끼인 옷도 꽉 끼인 시곗줄도 꽉 끼인 장갑도 싫다. 넉넉하고 여유가 있어야 나의 결핍을 채울 수 있다고 믿기 때문이다.

키가 작아서일까. 큰 백을 들고 다니면 사람들이 "여행 가요?" 하고 묻는다. 그래, 어쩌면 늘 여행을 꿈꾸는지도 모른다. 그래서 나는 물건을 살 때 그것이 옷이든 가방이든 신발

이든 뭐든 "여행 갈 때 좋겠다."라고 말한다. 그 큰 백들을 보면서 떠나는 기분을 갖는 것, 그것도 나쁘지 않다. 제대로 떠나지 않더라도 마음속에 늘 여행이 살아 있는 것이다.

결국 나는 핸드백 속에 든 내 감정을 소중히 모시고 거기든 이상, 꿈, 여유, 여행, 만남 들을 즐긴다. 핸드백 속에 사탕이건 민트건 껌이건 남들과 나누는 그 무엇도 준비하는 내 마음의 안방 같은 것.

내가 대학 선생을 할 때 마흔한 살이라는 늦은 나이에 학교를 다니던 한진숙은 허름한 핸드백을 들고 다녔다. 그 커다란 핸드백에는 별것이 다 들어 있었다. 과자도 있고 빵도 있고 옷도 들어 있었다. 야간 수업을 하고 있어서 그녀는 늘 그런 것들이 필요했던 모양이다. 물론 책도 몇 권 들어 있었는데 한번은 내가 물었다.

"책들은 무겁지 않아요?"

그 여자의 대답이 지금도 잊혀지지 않는다.

"이것은 제 미래니까 무거워도 들고 다녀야죠."

내가 보기에 그녀의 미래는 희미하고 답답하고 초라하고 낡아 보였지만, 그녀는 새로운 미래를 만들어서 내가 학교를 그만둘 때쯤 새 핸드백을 들고 나타났다.

"미래는 어떻게 됐어?"

"직장을 얻었어요. 저의 미래는 방을 얻었습니다."

주스 한 병을 들고 와서는 다음에 더 좋은 것을 가지고 오 겠다고 했다. 내가 말했다.

"네 미래의 평수가 넓어지면 자연히 내가 큰 선물을 받는 것이지."

진숙이는 지금 출판사 부장을 하고 있으며 더 큰 방을 가 지고 있다.

핸드백은 여성들의 은밀한 방이다. 핸드백을 누군가 뒤지는 것을 싫어한다. 그것은 은밀한 정신적 방이기 때문이다. 누가 봐도 안 되는 나만의 은밀한 비밀 같은 것이어서 핸드백은 여 성들의 마음이며 영혼이기도 하다. 필요한 것만 넣어 다니지 만 거기엔 누구도 가늠할 수 없는 폭풍이 고요히 눈감고 있는 것이다.

요긴한 시간이 되면 자기를 깨우고 새로운 시작을 할 수 있 는 가뿐한 힘이 되어 주는 여성만의 은밀한 힘…….

나는 언젠가 피에르 가르뎅이라는 프랑스 디자이너의 핸드 백을 들었던 적이 있다. 선배 언니가 자기에게 어울리지 않는 다고 나에게 준 것이다.

"언니, 또 어울리지 않는 것은 없어요?" 하고 수다를 떨면서 받아 온 그 핸드백은 나에게 와서 사랑을 받았다. 아무리 좋은 것도 선반 위에 살고 있으면 생명이 없다.

나는 애지중지 그것을 들었고 남들에게서 내게 잘 어울린다는 말까지 선물로 받게 되었다. 그런데 그 핸드백을 만든 디자이너의 일생을 듣고 나는 그 핸드백이 더 자랑스러워졌다.

2차 대전이 끝나고 그의 집은 몰락했다. 그는 잠시 아르바이트를 했다가 성실성을 인정받아 정식 직원이 되었다. 그러나 그것도 여유 있는 삶은 아니었다. 그는 반듯한 옷 한 벌이 없어 늘 자기가 직접 옷을 만들어 입었다.

어느 날 선술집에서 화려한 귀부인을 만났고 그 귀부인은 그에게 옷이 좋다고 말을 걸었다.

"내가 만들었어요."

귀부인은 놀랐고 재능이 있으니 계속 잘해 보라고 귀띔을 주었다. 그는 더 흥이 나서 자기 솜씨를 발휘하게 되었고, 마침내 자신의 이름을 건 가게를 냈다. 그리고 실력을 인정받아 영화 「미녀와 야수」의 의상 제작을 맡게 되었다. 그 이후에도 패션쇼를 통해 자신의 매력을 발산한 청년 피에르 가르뎅, 1974년 미국 《타임》지는 그에게 금세기 최고의 디자이너라는 찬사를 보냈다.

피에르 가르뎅도 가난한 시절이 있었고 좌절을 겪었으며 우울하고 고통스러운 나날이 있었다. 그러나 어떤 계기를 살리는 지혜와 용기로 결국 최고가 되었고, 한국의 한 여성이 자랑스럽게 들고 다니는 핸드백을 만들었고, 그의 일생은 핸드백보다 더 가치가 있었던 것이다.

어디 피에르 가르뎅만이겠는가. 모든 훌륭한 사람들은 어느 한순간에 인생을 역전시키는 용기가 있었던 것이다.

친구를 얻는 데는
할인 쿠폰이 없다

인생을 살아가는 데 반드시 필요한 항목 중 하나가 바로 친구다. 만약 서로 잘 소통하고 뭐든 잘 어울리는 친구가 있다면, 당신의 상처를 이해하고 보살피는 친구가 있다면 당신은 행복하다.

만약 당신이 돈도 여유 있고 좋은 집이 있는데 친구가 없다면 그래서 혼자 돌아다니다 지쳐 집으로 돌아가는 사람이라면 불행하다. 물론 혼자가 좋다는 확신이 있다면 그것도 나쁘지는 않다. 그러나 친구가 있는 쪽이 훨씬 안정적이다. 보험이나 주식보다 더 가치가 있는 것이다.

세상에 가장 큰 권력은 바로 진정한 친구 하나가 있는 그 자리이다.

친구 하나를 얻는 데는 우선 진정한 마음이 필요하다. 이해하려는 마음이 필요하다. 서로 잘 맞아야 하고 같이 오래 있어도 지루하지 않아야 한다. 정신적 기질이 비슷하고 소중하게 생각하는 마음이 필요하다.

남자를 애인으로 둘 때는 흥분으로 시작하지만 여자 친구는 믿음으로 시작된다. 믿음이 없고 신뢰가 없으면 절대 친구는 될 수 없다.

우정에는 결코 할인 쿠폰이 없다. 마음을 다해야 하고 어려운 여건을 함께 해결할 줄 알아야 하고 나보다는 네가 행복해야 한다고 친구를 먼저 생각하는 마음들이 필요하다. 이런 친구가 있다면 그는 가장 높은 권좌에 오른 것이다.

내 마음을 조금 할인하면서 너는 완전히 내게 올인하는 우정은 없다. 뜨거운 연애는 잘 식고 오해도 많아져서 미움으로 쉬 변화되지만, 동성 친구는 차분히 오래 갈 수 있다.

여자 친구 하나 갖는 일, 아주 쉬워 보인다. 그러나 절대로 쉽지 않다. 물어보라. 당신은 그런 친구가 있는가? 쉽게 '네' 하고 대답하는 사람이 많지 않을 것이다.

그런 친구를 가지는 데는 자신이 그만큼 노력을 해야 한다는 점을 알아야 한다.

조선 후기의 문인인 이덕무는 친구 하나를 가지려는 노력에 대해 감동적인 명문을 남겼다.

만약 한 사람의 지기를 얻게 된다면 나는 마땅히 10년간 뽕나무를 심고 1년간 누에를 쳐서 손수 오색실로 물을 들이리라. 열흘에 한 빛깔씩 물들인다면 50일 만에 다섯 가지 빛깔을 물들일 수 있을 것이다. 이를 따뜻한 봄볕에 쬐어 말린 뒤, 여린 아내를 시켜 백번 단련한 금침을 가지고서 내 친구의 얼굴을 수놓게 하여, 귀한 비단으로 장식하고 고옥(古玉)으로 축을 만들어 아마득히 높은 산과 양양히 흘러가는 강물, 그 사이에다 이를 펼쳐 놓고 서로 마주 보며 말없이 있다가, 날이 뉘엿해지면 품에 안고서 돌아오리라.

이덕무의 「이목구심서」에 나오는 글이다. 친구 하나를 만들기 위해 이런 오랜 세월과 노동이라고 할 수 있는 노력을 해야 하는…… 나는 말을 잇지 못하겠다. 나는 친구가 없다고 말하지 못하겠다. 10년간 뽕나무를 심기는커녕 열 시간 뽕나무를 바라보지도 못하는 인간 아닌가. 그만큼 친구를 가지는 데는 노력과 사랑과 헌신이 필요한 것이다.

그대는 이런 사람을 가졌는가, 나는 나에게 묻고 싶다. 그대는 이런 노력을 하였는가, 나는 나에게 묻고 싶다. 이런 친구를 가지고 싶은 마음은 하늘 같은데 노력은 땅조차 기지 못하겠네……. 그러면서 친구가 없다고 나는 칭얼거리고 있네.

여자의 눈빛이
세상을 밝힌다

나는 모든 여성들이 스스로에 대한 믿음과 자신감으로 씩씩하게 잘 살아가기를 바란다. 그러나 그렇지 않은 사람들이 훨씬 많다.

자신에 대한 믿음이 확 무너지고 도무지 앞으로 어떻게 살면 되겠느냐고 묻는 여성들이 가득했다.

사실은 나도 그렇다. 어떻게 살아야 할지 모르겠다. 정해진 것은 하나도 없다. 내가 생각한 미래는 우선 내 글이 생명을 얻었으면 좋겠고 두 번째는 자식들의 도움 없이 죽을 때까지 내가 번 돈으로 살 수 있기를 바란다.

그리고 아프지 않기를 바란다. 조금만 아프기를 바란다. 그때 병원에 같이 갈 친구가 있기를 바란다. 그래, 친구가 있으면 한다. 내가 아플 때도 같이 있어 주고 누가 먼저 전화하면 자동차를 몰고 땅끝마을에라도 갈 수 있었으면. 농담으로는 돈 많고 대화 잘 통하는 남자를 로또로 만났으면 하는 말을 하지만 그것은 여기서 제외하고 싶다.

조용한 열정, 실행하는 열정이 있어야 친구가 내게 남는다. 결핍, 상처, 갈등 등을 함께해 가면서 돕는 관계가 되어야 친구는 살아 있는 것이다. 이기심은 금물이다. 친구의 우정은 이기심 앞에서 그냥 죽어 버린다. 나는 이기심으로 친구를 만나지 않기를 나에게 바란다. 그리고 베푸는 쪽으로 가서 그것이 나의 즐거움이 되기를 바란다.

나는 밤에는 자식들이 좋은 삶을 살도록 기도하고, 새벽이면 내가 시간을 버리는 생활을 하지 않기를, 늙었지만 품위 있고 여성성을 포기하지 않기를 기도한다.

그러나 여성들이 가장 자신과 약속해야만 하는 일은 열정이다. 그것은 나이와 상관없다. 언제나 그렇다. 열정만 있으면 무얼 해도 잘할 수 있다. 열정과 성실만 있다면 세상은 좋은 학교요, 놀이터다.

자연을 보는 일만 해도 바쁘다. 계절마다 변화하는 자연은 얼마나 눈부신 선물인가. 그 자연 속에서 우리가 열정과 성실성만 있다면 무얼 할 수 없겠는가. 포기만 하지 마라. 당신은 반드시 할 수 있다.

당신이 선택하는 그것은 축복을 받을 것이다. 긍정적인 사람이 되어 본다는 작심만 한다면 잘 살 수 있는 길이 열려 있다.

몸보다 마음이 더 먼저 늙는 여자가 있다. "세상이 다 그런 거지 뭐!" 하고 말하며 세상을 이미 다 안 것같이 도사가 된 듯이 굴면 당신은 늙는다. 너무 일찍 늙을 필요는 없다. 노력할 만큼 하다가 자연적으로 늙는 것을 조용히 받아들이고, 그때에도 정신은 맑고 밝으면 좋을 것이다. 당신은 여성이다.

무엇이든지 문제는 다 있다. 그 문제를 풀어낼 때, 최선을 다할 때 친구도 얻는 것이다. 그리고 따라서 당신의 인생은 보람으로 이어지는 것이다.

성취감이라고 말하지 말고 소박한 기쁨이라고 생각한다면 이 세상에는 당신이 할 일이 많을 것이다. 그것이 열정이다. 그것이 사랑이다.

열정이 살아 있는 여성의 눈빛은 세상을 밝히는 빛이다. 그것이 당신의 눈이다.

시간을 잘 보내는 내 친구는 할 일이 마땅치 않으면 자녀들에게 편지를 쓴다. 직접 손으로 쓰기도 하고 이메일을 사용하기도 한다.

그 친구가 자녀들에게 편지를 쓸 때 자주 인용한 어느 어머니의 편지가 있는데 그것은 우리들이 너무나 사랑했던 배우, 「로마의 휴일」의 오드리 햅번이 크리스마스이브에 아들에게 준 편지다. 이 편지는 나도 늘 감동받는다.

햅번은 늙고 얼굴에 주름이 가득해질 때까지 아프리카 어린이들을 돌보다가 아름답고 영성적으로 세상을 떠났다.

매혹적인 입술을 갖고 싶으면 친절한 말을 하라
사랑스러운 눈을 갖고 싶으면 사람들의 좋은 점을 보아라
날씬한 몸매를 갖고 싶으면 네 음식을 배고픈 사람들과 나눠라
아름다운 머리카락을 갖고 싶으면
하루에 한 번 어린아이가 손가락으로 쓰다듬게 하라
아름다운 자세를 갖고 싶으면
네가 결코 혼자 걷지 않을 것임을 명심하면서 걸어라

햅번은 마지막까지 불쌍한 영혼들의 어머니로 살았으며, 이 편지 하나로 모든 인류의 양심에 부끄러움을 안겨 주며 사랑은 두 개 중 하나를 가지는 것이 아니라 두 개를 다 내어 주는 것임을 보여 주는 진정한 사랑의 선구자가 되었다.

나도 이 편지를 내 딸들에게 주고 싶지만 이 편지를 줄 자격이 있는지 몰라서 머뭇거린다. 두 개 중 두 개를 다 가지고 싶어 한 내 영혼이 부끄러워서다. 그러나 나는 어머니이므로 이 아름다운 영혼이 깃든 편지를 내 딸들에게도 전해 주고 싶다.

126

자녀에게만은 무엇인가 더 올바른 것을 주고 싶어 하는 인류의 어머니, 그 뜻이 저 높은 곳에서 펄럭거리는 듯하다.

당신은
클레오파트라보다
섹시하다

고대 이집트의 마지막 여왕 클레오파트라는 로마 공화정 말기의 최고 권력자인 카이사르와 안토니우스의 사랑을 받았다.

그녀는 지금도 미인의 대명사로 전 세계에 살아 있다. 동양에도 그만한 드라마의 주인공이 있다. 바로 양귀비다. 양귀비는 당나라 현종의 아들의 아내였지만 너무 아름다워 시아버지가 며느리인 양귀비를 데리고 살았다. 아들의 아내를 빼앗은 것이다. 권력은 참 좋았던 모양이다. 얼마나 아름다우면 그 도덕성과 주변 눈총을 다 묵살하고 아들과 연정의 적이 될 수 있었겠는가.

그러나 알고 보면 그녀는 당신과 별로 다르지 않다. 어쩌면 요즘 미모의 객관적인 평가로 보면 당신이 조금 더 나을지도 모른다.

2001년 런던 브리티시 박물관에서 열린 클레오파트라 특별
전을 본 사람의 말을 들어보면 150센티미터의 작은 키와 통통
한 몸매 그리고 치명적으로 매부리코라는 것이다.

양귀비도 마찬가지다. 나는 중국에서 양귀비가 살던 곳을
방문한 적이 있는데 거기 연못가에 양귀비 초상을 세워 두었
다. 놀란 것은 통통하다 못해 좀 뚱보였다는 것이다.

같이 간 여류 시인 아무개가 글쎄 굵은 다리가 신달자 닮았
다고 해서 모두 웃었던 기억이 있다. 그리고 쌍꺼풀이 없고 그
냥 무던히 생긴 얼굴이었다.

따지고 들자면 아마도 권력 가진 남자가 통통한 여자를 좋
아한다든가 매부리코가 섹시하다든가 여러 가지 이유가 있겠
지만, 그들을 분석한 사람의 이야기를 들어 보면 그들의 매력
은 순전히 외모만은 아닌 것 같다.

클레오파트라는 뛰어난 외국어 실력을 가지고 있었다. 그
리스어, 라틴어, 히브리어, 아랍어를 능숙하게 구사했다는 것
이다. 클레오파트라는 어려서부터 이집트 왕실 도서관에서 엄
청나게 많은 책을 읽었고, 그 당시 최고의 지성인들 클럽에 속
해 있었다. 아마도 대화에서 가장 첨예한 답을 내놓았을 것이
고 그렇게 인정을 받으니 자신감이 솟아났을 것이고 그녀의
매력은 백배 천배 치솟았을 것이다. 지식도 지성도 다 섹시함

에 속한다는 것을 알 수 있는 대목이다.

양귀비 또한 어떤 권력자하고도 대화를 통달했고, 그뿐인가, 그녀는 춤 실력이 뛰어났고 음악에도 조예가 깊었으며 노래도 잘 불렀다는 것이다.

이런 여자를 내치는 바보가 어디 있겠는가. 그것이 아들의 아내였다고 해도 도저히 참을 수 없는 매력의 여인, 그녀를 가지지 못하면 왕이 아닌 것으로 생각했던 현종은 현명했을까. 진정한 남자였을까?

당신의 매력은 아직 다 발산하지 않았다. 21세기 매력은 클레오파트라보다 더 지성적이어야 하지 않겠는가. 많이 아는 것이 아니라 많이 알려고 노력하는 그 모습……

우리는 모두 아름다운 여성이며 우리는 모두 자기만의 섹시한 매력을 지니고 있다. 나는 그것을 믿는다. 당신이 바로 그 매력의 주인공이다.

행복은
움직이는
나룻배

세상에는 행복한 사람이 있고 불행한 사람이 있다. 그런데 행복해 보이는 사람은 불행하다고 하고, 불행해 보이는 사람은 행복하다고 말하는 경우가 있다. 왜 그럴까. 그 이치가 바로 행복의 현주소다.

행복이란 자신이 가지고 있는 생각, 즉 사고의 방향에 따라 움직인다. 행복은 움직이는 나룻배다.

일곱 개를 가지고 있는 사람이 열 개에서 세 개가 모자란다고 생각하고, 세 개를 가지고 있는 사람이 세 개나 있다고 생각한다면 누가 더 행복한 사람일까?

가지고 있는 것에 만족하면 행복해지고, 가지지 못한 것에 불만을 가지면 불행해지는 것이다.

40대 이진숙 씨는 여행 가이드를 하고 있다. 아들이 하나 있지만 시댁에서 키우고 있고 맞벌이 부부로 산 지 벌써 10년째다. 겨우 연립주택을 샀고 아직 갚아야 할 돈이 조금은 남아 있다. 허리 펴고 살지 못한 대가로 경제적인 문제는 조금 나아졌지만 남편과의 관계가 매끄럽지 못하다.

　　진숙 씨는 말했다.

　　"왜 내가 뼈 빠지게 살아왔는지조차 모르겠어요."

　　진숙 씨는 남편과 섹스가 없다. 이유는 자신도 모른다. 처음 직장을 가졌을 때 너무 피곤해서 남편을 거절하면서부터 아예 관계 자체가 사라졌다고 한다. 직장 생활 10년이 가까워지면서 이제는 진숙 씨가 남편을 원하는 시늉을 하면 남편이 자는 척 코를 골아 버린다는 것이다. 그러나 포기하지 않고 대화도 해 보려 하고 주말 여행도 만들어 보지만 남편의 태도는 "나는 너 재미없어." 이렇게 말하는 것 같다고 한다.

　　"남자가 너밖에 없냐! 발길에 차이는 것이 남자다!" 큰소리를 치지만 결국 상대할 남자가 남편밖에 더 있느냐고 물었다. 점점 진숙 씨는 무기력해지고 혼잣말로 "하면 뭐하냐." 스스로 묻고 대답하곤 한다는 것이다.

　　그리고 점점 남편이 미워진다는 것이다. 결국 이혼하고 싶다는 게 진숙 씨의 결론이다.

　　"나는 시댁에도 할 만큼 했어요. 직장 없을 때는 시댁의 모

132

든 일을 혼자 다 해냈고 인간 대접은 받지 못했어요. 그때는 노예처럼 몸으로 다 때웠다니까요. 동서는 몇 푼 돈을 내놨다고 일도 안 하고 커피만 마시고 있을 때 나는 팔을 걷어붙이고 일했다고요."

작은 돈이지만 돈을 벌면서 나도 이렇게 살 수 있는데 지난 일을 생각하면 시댁과 남편에게 복장 터지는 한으로 남아 있다는 것이다.

"저 너무 외로웠거든요. 남편은 절 몰라요. 제 자존심 무너지는 거 이야기하면 늘 그랬어요. '사는 게 다 그렇지 뭐.' 그 사람을 데리고 이야기하면 화만 났어요. 그래서 구청 가서 봉사 활동을 하다가 여행 가이드가 됐어요. 얼마나 노력했는지 몰라요. 역사, 영어 공부를 하면서 하루 두 시간도 못 잘 때가 많았어요. 지금은 시어머니가 아들을 키우고 있어서 시댁을 하늘같이 모시죠. 사실 돈 벌면 그쪽으로 다 흘러 들어가지만 그래도 전 지금 좋아요. 아이 문제가 크잖아요. 아이 문제는 내 노력만으로 안 되는 거 같아요. 아주 복합적이에요. 아이가 걱정되면서도 저는 외로워요. 이중인격인가요? 애인 두고 싶어요. 저도 격렬하게 연애하고 싶어요. 그전에도 남편과의 섹스가 마음에 들지 않았어요. 하고 나면 늘 짜증만 났어요. 늘 같은 순서, 같은 몸놀림, 상대를 의식하지 않는 혼자만의 사정, 도무지 왜 서로 안고 섹스를 하는지 아무 생각 없는 동물 같아요. 정말 사랑이 있는 관계를 해 보고 싶어요. 저는 지금 그래요. 즐겁게 살고 돈 벌어서 노후를 준비하고 싶어요……."

진숙 씨는 흥분되어 있었고 이야기의 순서도 왔다 갔다 했다. 진숙 씨가 결혼 생활에 불만이 많다는 것은 알겠다. 그래서 내가 물었다.

"남편도 이렇게 불만이 많은가요? 남편도 애인 두고 싶어 하나요?"

"별로 말도 없는 그 남자가 무슨 생각을 하는지 모르지만 그이가 무슨 불만이 있겠어요. 집안일 제가 다 하죠……. 음……." 하다가 말을 다시 이었다. "있을지도 모르죠, 뭐."

이 부부는 다시 새로운 방법을 찾아야 할 것 같았다. 진숙 씨는 경제 상황이 좀 나아지면서 자아를 찾기 시작한 것이다. 남편의 월급으로 살면서 쪼들리고 시달릴 때는 자기를 생각할 겨를이 없었다. 그러나 진숙 씨는 이제 변했다.

자신감도 생기고 아름답게 꾸미고 싶어 하면서 생리적인 욕구도 새롭게 발동한 것이다. 그러나 진숙 씨는 지금 위험해 보였다.

남편의 입장에서는 아무것도 생각하지 않았고 자신만이 옳다고 말하는 것 같았다. 내가 보기엔 남편이 진숙 씨와 잠자리를 피하는 것이 아니라 진숙 씨가 벽을 쌓고 있는 게 아닌가 싶기도 했다. 두 사람 사이에 쌓인 것이 많은 게 아닌가 싶다.

그렇지 않은가. 아무리 남자라도 섹스가 무슨 콩나물 다듬는 것도 아니고 손만 대면 되는 것은 아닐 것이다. 남자의 생리가 제아무리 배설과 같다 하더라도 마음 없이 가능한 것이겠는가.

진숙 씨가 외로울 때 남편도 외로웠을 것이다. 두 사람이 다 외롭다고 말하고 있는 것이 분명하다. 그러면 서로 마음을 더 들어 가는 대화가 필수적인 과제라고 생각했다.

"그 사람하고 말하느니 돌덩이하고 하는 게 나아요."

그러나 그들에게 서로를 이해시키는 계기는 빠를수록 좋다고 생각되었다.

"10년을 살아도 그 남자는 날 몰라요. 아마 20년을 살아도 모를걸요."

진숙 씨 부부는 가정문화원이 주최하는 부부행복학교나 가톨릭에서 진행하는 부부학교 같은 곳에 가 보면 좋겠다. 일단 여자와 남자가 다르다는 것을 알아야 하지 않을까.

"저이하고는 정말 못 살아." 하고 말하지만 그들은 도저히 함께 살 수 없는 사람들이 아니라 사는 방법에 대해 잘 모르고 있는 것이다.

그리고 가장 큰 문제는 바로 자기들이 문제가 많다고 생각하는 것이다. 그러나 문제가 많은 것이 아니라는 것이 내 생각이다. 다른 사람들도 다 그러면서 산다. 이것을 인정하면 조금 부드러워질 것이다.

현빈같이 잘생기고 돈은 계산하기도 어렵게 잘 벌어 오고 집이 어지러우면 직접 깔끔하게 치우고 아이 공부를 책임지고 요리도 잘하고 아침에 일어나면 맛깔스럽게 토스트를 구워 계란 후라이를 곁들여 놓는, 그리고 밤에는 영화의 한 장면처럼 안아 주는 남자는 이 세상에 없는 것이다.

"전 그런 거 바라지도 않아요. 저 인간은 구제 불능이거든요."

자, 이렇게 나가면 끝이 없다. 당신이 먼저 변하고 잘 살아 보려고 먼저 노력해야 하는 것이다.

나는 최근 재미있는 통계를 보았다. 부부 싸움, 이혼은 여름 그것도 6월, 요일별로는 일요일이 가장 많은 것으로 나타났다.

왜 6월에 부부 싸움이 가장 많을까? 그것은 아무래도 불쾌지수 높은 여름철에 더 많이 발생하는데 클리닉 상담도 5월부터 늘기 시작하면서 6월이 되면 확 늘어난다는 것이다.

이혼소송, 협의이혼 신청도 여름에 많다고 한다. 서울 가정법원에 따르면 매년 8월이 되면 급상승한다는 것이다.

휴가철에 함께 있는 시간이 늘면서 싸움의 빈도가 느는데 어느 부부는 휴가 떠나는 차를 돌려 상담소로 오는 경우도 있다고 한다.

감정이란 폭발물과 같아서 쌓였던 감정이 어느 계기에 폭발하여 도저히 견딜 수 없는 한계로 치달아 휴가철에 이혼 상담이 가장 높아진다는 것은 알 만하다.

기대에서 실망으로, 다시 기대에서 실망으로, 다시 기대에서 실망으로…… 그러다가 폭발해서 너 같은 인간하고는 더 이상 못 살겠다고 결론 내리게 된다는 것이다.

그러나 그것은 얼마나 우스운 이야기인가. 결혼이 무슨 장난인가. 여름철 감정 폭발로 이혼 청구를 하다니 이것은 자녀들에게도 너무 창피한 이야기다. 결혼 생활을 좀 더 진지하게 생각할 필요가 있다.

그러나 더 색다른 이유도 있었다. 고온다습한 여름철 날씨 때문에 성욕마저 위축되어 부부 갈등을 빚기 쉽다는 이론이다. 강동우 성의학 클리닉 원장은 "여름철에는 무더위로 인해 잠을 설치고 남성호르몬이 잘 분비되지 않아 부부가 예민해지기 쉽다. 7~8월에 섹스리스로 찾아오는 사람이 20퍼센트 증가한다."라고 말한다.

어느 제약 회사의 한국 부부 생활 만족도 조사를 보면 이렇다. 섹스가 인생에 매우 중요하다고 생각하는 비율은 남자가 91퍼센트, 여자는 85퍼센트인데, 성생활의 만족도에서는 남자가 9퍼센트, 여자는 7퍼센트에 불과했다.

27개 나라에서 꼴찌다. 성생활이 인생에 중요하다는 것을 인식하면서 만족도는 왜 이렇게 낮을까. 남성들의 사회생활의 피로감 때문이라는 견해가 많다. 회사에 너무 시달리고 경제력도 약해지고 아내에게는 할 말이 없고 발기부전에 걸리고 성욕은 사라지고 차라리 성을 편하게 사는 경우를 택하는 남자가 늘어난다는 것이다.

주부 이기영 씨는 술만 먹고 들어오는 남편이 싫다고 한다. 어쩌다가 술내를 풍기며 분위기도 없이 5분도 안 돼 혼자 끝내고 코를 골며 자는 모습을 보면 모멸감을 느낀다고 말한다.

"내가 뭘 원하는지 한 번도 생각한 적이 없을 거예요."

그러나 남자들은 차라리 모르는 척하는 게 아닐까. 아는 척하려면 너무 복잡하고 어렵다고 생각했기 때문일 것이다. 모든 게 두려운지도 모른다. 어쩌면 여자보다 훨씬 약한지도 모른다. 사실 어떻게 해야 할지도 여자보다 모르는지 모른다. 여자가 어느 부분에선 리더가 되면 안 될까.

모든 것이 다 너무 어렵다고만 생각하는 이것에서부터 서로의 문제를 풀어 가야 할 것 같다.

결혼은 부부가 시작하지만 단순히 부부만의 삶은 아니다. 더 중요한 자녀 문제와 다른 가족 문제가 함께 어우러지면서 결혼 생활은 이루어지는 것이다.

아내가 더 큰마음으로 가르치는 심정으로 하나하나 풀어
가면서 남편을 이해하도록 하면 안 될까.

'원이 엄마'를 기억할 것이다. 425년 전의 사부곡으로 전 세
계를 감동시켰던 그 원이 엄마의 이야기는 23개 언어로 28개
국에서 동시에 발행되는《내셔널 지오그래픽》에 미투리 한 켤
레의 사진과 함께 실렸다.

당신은 언제나 나에게 둘이 머리 희어지도록 살다가 함께 죽
자고 하시더니 어찌 나를 두고 당신 먼저 가십니까.

원이 엄마는 편지와 함께 자신의 머리카락과 삼 줄기를 한
데 삼은 미투리를 남편의 무덤에 묻었다. 425년이나 묻혀 있
던 이 편지와 미투리는 안동의 택지 개발 현장에서 발견되었
다. 이 이야기를 소재로 소설, 영화, 연극 등이 만들어졌고,
무덤 자리에는 원이 엄마의 동상이 서기도 했다. 오페라로 춤
으로 원이 엄마는 사랑의 화신으로 되살아났던 것이다.
쉽게 이혼하고 결혼에 대한 책임마저 흐릿한 시대에 원이
엄마의 편지는 세상을 놀라게 했는지 모른다.
그 시절에도 이렇듯 애틋한 사랑이 존재했다는 것은 가슴
설레는 일이다. 원이 엄마의 사랑은 우리에게 영원히 살아 있

는 신화가 될 것 같다.

미국의 한 대학에서 '행복학' 박사과정이 개설되었다. 행복
이 얼마나 어려운가를 말해 주는 일이다.

캘리포니아 클레어몬트 대학 심리학과의 미하이 칙센트미
하이 교수는 행복학을 연구할 학생들을 모집했다고 한다. 행
복학은 사람이 왜 불행해지는가를 연구하는 기존 심리학과와
는 정반대의 시각에서 연구하는 학문이라 한다.

긍정 심리 접근법의 대표적 학문 영역이라는데 이 수업에
는 신경과학, 경제학, 정치학 교수도 함께 참여한다고 한다. 그
렇다면 행복이 심리 안에서만 이루어지는 것이 아니라 신경
과학과 경제, 정치, 모든 사회 환경과도 밀접한 관계가 있다는
것이 아닌가.

이 세상을 혼자 산다면 행복하겠는가. 그게 아니라면 결국
우리는 사람들 속에서 비슷비슷하게 살면서 주어진 어려움을
극복할 때 행복할 수 있는 소질이 개발되는 것이리라.

칙센트미하이 교수는 행복학은 무엇이 삶을 가치 있게 하
고 사람에게 희망과 기쁨과 힘을 주는지 연구하는 학문이라
고 한다.

내가 그 강의 하나를 만든다면 바로 인간의 성격에 새로운
변화를 유도할 수 있는 사람이 행복에 가까이 갈 수 있을 것

이라는 강의를 해 보고 싶다.

서로 다른 부부가 함께 살며 겪는 충돌에서 어떤 자세로 대하느냐에 따라 행복한 삶의 탈락자인지 합격자인지 알 수 있기 때문이다.

명상 태교에서는 "태아는 엄마가 먹는 마음도 함께 먹는다."라고 말한다. 결국 마음이 아이에게로 전해진다는 것이다. 그야말로 지당한 말씀이다. 아이는 엄마의 마음뿐 아니라 엄마의 행동을 보면서 그대로 자란다는 말을 나는 믿는다. 엄마가 선하면 아이도 그것을 배운다. 나는 엄마, 어머니, 여성, 아줌마들이 그 엄청난 힘을 가진 여러 가지 이름답게 자신의 역할에 주어진 책임을 다하는 것이 결국은 리더로 성장하는 인간 승리라는 것을 믿는다.

여자가 웃으면
세상도 웃는다

인생의 가장 큰
프로젝트,
결혼

    불쌍한 것과 미운 것과 싫은 것이 같은 문제일까. 나는 이 것을 명백하게 말하기는 어렵다.

    여자들이 모여 시댁 이야기, 친정 이야기, 아파트 이야기, 저축 이야기 등등 제각기 사는 이야기를 할 때 가장 활발한 음성으로 토해 내는 말 중에는 남편에 대한 이야기와 자녀들 이야기가 가장 많다. 그런데 이 자녀들 이야기 속에서도 늘 남 편이 질질 끌려 나왔다.

    우리의 자식이 아니라 내 자식이라고 못 박는 여성도 있었 고, 흔히 있는 일이지만 "그는 아무것도 몰라요."라고 말하고 있었다.

    남편에 대한 불만이 저 하늘에 닿을 듯한 여성들에게 그 옛날 함께 사랑했던 기억은 아예 없어 보였고, 서로 신혼의 고통을 등 두드리며 살았던 기억도 없어 보였다. 왜 여성들은 남편이 미운가? 생활 속으로 들어서면서 여성들은 몇 번의 실망, 몇 번의 좌절, 몇 번의 포기를 거듭하였을 것이다.

세상에는 노력해도 안 되는 것이 있는데 아마도 같이 살면서 죽을 때까지 미워하지 않는 것이 아닐까 싶다.

이렇게 남편에 대한 이야기가 적절치 않을 만큼 부정적으로 흐르자 내가 말했다.

"아니, 여기 결혼 안 한 30대가 있는데 이래도 돼요?"

그러자 그 30대가 말했다.

"저도 다 알아요. 언니가 하나 있거든요."

그러면서 헤헤 웃었다. 그리고 우리는 다 밝게 웃었다.

나는 그렇게 생각했다. 어떤 지루함 같은 것 아닐까. 세상의 변화가 극심한 이런 시대에 남자들은 무디고 느려서 도무지 여자를 읽지 못하고 변화할 줄도 모르고 그날이 그날인 상태가 계속되니, 시대의 흐름에 민감한 여성들이 남자들을 지루하게 생각하지 않겠는가.

특별히 남성에게 문제가 없는 한 그런 이유가 클지 모르겠다. 경제적으로 조마조마하고, 아이들 교육 문제는 산더미 같고, 생각대로 풀리지 않아 화가 나고, 잘난 여성도 많은데 자신은 세월이 흐르면서 더 작아지는 것 같고, 되는 일이 없고,

남편이 취해 와서 횡설수설하는 것도 보기 싫고, 현실을 직감하지 못하는 것 같고, 밤에 어쩌다가 치근대는 것도 싫고, 다시 어쩌다가 부부관계를 해 보면 그게 그거고, 모든 게 싫증이 나고 재미없다고 입에 나발을 불고……

자, 그런데 그 여성들에게 당신의 아들이 아내에게 그런 대접을 받으면 어떻겠냐고 물었더니 다 함께 소리쳤다.

"그건 안 돼요."

나는 아들이 없지만 모순은 바로 여기서부터 시작했던 모양이었다.

그녀들 중에는 40대도 두 명이나 있었는데 모두 부부 관계조차 드물거나 오래되었다는 것이었고, 부부가 서로 부딪치는 일을 줄이면서 잡음 없이 사는 것이 겨우 생각하는 꿈이라고 했다.

"그러나 잡음이 안 생길 때도 속은 부글부글 끓어요."

왜 속이 끓고 있냐고 물을 필요는 없었다. 그냥 나도 다 알 것 같았다. 내가 말했다.

"여성들이여! 결혼은 인생에서 가장 큰 프로젝트다. 그리고 가장 어려운 인생의 과제다. 시작하지 않았느냐. 호적에 두 이름을 넣고 한 가정을 이룬다고 승낙하지 않았느냐. 그러면 자존심을 걸고 한번 열심히 살아 보는 것이다. '그러니까 살고는 있잖아요.'라고 말하지 마라. 더 의욕을 살려 충실하게 한 가정을 이끄는 여성이 되어 보는 것, 그것도 세상에 태어나서 해 볼 만한 것 아니냐. 시작했다면 말이다. 다른 지붕 아래는 순금 거북이가 있는 것이 아니다. 다 그렇게 산다."

주변이 조용했다. 그러나 잠시뿐이었다. 다시 그들은 "우리 집은 이렇게 대충 사는 수밖에는 없어요."라든가 "너무 복잡해서 어디서부터 실마리를 풀어야 할지 잘 모르겠어요."라고 말하는 여성도 있었다.

자신의 인생 문제를 생각하면 머리부터 아픈 모양이었다. 산더미 같은 이삿짐을 혼자 치워 보라는 것 같은 막막함이 그들에게는 있는 것 같았다.

그러면 그대로 그 이상은 살 수 없는 것일까? 아니다. 다시 말하지만 앞으로 살아야 할 시간이 너무 많이 남았다.

이사를 하는 일은 여러 가지로 더 문제를 일으킨다. 집을 떠나가는 것 말이다. 그것은 지금의 삶을 사는 것보다 어렵지 않느냐. 자 이렇게 하면 어떨까. 방 하나부터 치우기 시작하는 것이다. 조금씩 쓸모있는 것은 남기고 버릴 것은 과감하게 버리는 것이다.

그것이 소녀 시절부터 가꾸던 꿈이었다 하더라도 지금 삶에 방해가 되는 것이라면 버려야 한다. 이것은 당신의 실제 방이기도 하고 마음의 방이기도 하다.

당신은 마음속에 "나 죽겠어." "왜들 이 모양이야." "뭐 하나 되는 일이 없어."라고 하는 잡동사니로 가득차 있는지도 모른다.

가끔 두통도 올 것이다. 어지럽고 만사가 귀찮고 누워 있기만 하지 않는가.

풍수지리에 능한 사람들의 이야기를 들어 보면 잡동사니와 쓰레기가 가득 메워 놓은 집 안에는 질 나쁜 에너지로 가득차서 행운이 들어가다가 질겁을 하고 도망간다고 한다.

잡동사니란 한국어 사전을 찾아보면 '별로 소용없는 물건들이 마구 뒤섞여 있는 것'이라고 되어 있고 영어 사전에는 '깔끔하게 정리되지 않은 우글거리는 물건의 집합'이라 되어 있다.

청결함은 신성(神聖)에 가깝다는 격언도 있다. 청소를 잘하는 것은 공간 정리의 기본이다. 아무것도 실행하지 못하는 생각들, 건너뛰지도 못하는 무력함, 오뚝이와 같이 늘 제자리로 조용히 되돌아와 있는 걱정들, 걱정에 다시 걱정이 덕지덕지 붙은 늙은 걱정들, 이런 것을 일단 깨끗하게 쓸어 내 보라.

단순한 멋을 키워 가노라면 어지럽고 복잡한 것을 싫어하게 된다고 한다. 당신의 의지를 동원해 하려고만 하면 방이 깨끗해지면서 느껴지는 기적 같은 기분 때문에 당신은 계속 청소를 하게 될 것이다.

당신의 마음 방을 청소해 보면 놀랍게도 자기 스스로 쏜 독화살이 거기 쌓여 있을지 모른다. 그 화살들은 당신이 새 생각을 하는 데 방해가 되었을 것이다. 그 독화살이 늘 당신의 마음을 찌르고 있었을 것이다. 그렇지 않은가. 우리가 괴로운 것은 남에게 들은 말보다 내가 생각하고 내뱉은 것들이 더 많다.

캐런 킹스턴(『아무것도 못 버리는 사람』의 저자)은 인간은 보통 6만 가지 생각을 하는데 95퍼센트는 어제 했던 생각의 반복이라는 것이다. 마음의 청소를 강조하는 그는 빈 공간이 있어야 새 에너지가 들어오지 않겠느냐고 항변한다. 하루에 일어난 일의 마무리는 반드시 그날 하라는 말도 한다. 그것이 새롭게 사는 일의 시작이라는 것이다.

우리는 새로워져야 하니까. 오늘의 문제는 오늘로 가닥을 잡자. 더 해야 하는 것인지 버려야 하는 것인지를. 해도 해도 끝이 없는 집안일도 마찬가지다. 오늘의 분량을 정하고 하루에 몇 시간쯤은 내가 하고 싶은 일을 하도록 실천해 보자.

내가 신선해져야 가족도 귀하게 생각되는 법이다. 내가 우울하고 억지로 살고 있거나 희망 없이 반복되는 삶을 사노라면 가족에게도 폐를 끼치는 일이다.

스트레스가 많다고 하는데 스트레스도 가끔은 필요하다. 그 스트레스가 무엇인가를 작심하는 데 도움이 될 것이다. 조금의 스트레스도 없다면 너무 무기력하지 않겠는가.

결국 우리들은 사랑하는 마음을 가지는 것이 중요하다. 내가 살아 있다는 이 경이감으로 겨울 하늘도 봄의 향기도 느닷없이 내리는 소낙비도 즐기는 자세가 되어 있어야 한다.

내가 본질적으로 조금씩 변화하려는 노력을 하면서 모든 생활을 배우려는 자세로 나아간다면 마음이 편안해지지 않겠는가.

화보다는 웃는 얼굴을 자신의 미용법으로 실행한다면 그도 나쁘지 않을 것이다. 그리고 마음의 청소처럼 근심을 다 내려놓을 수 있는 명상도 해 가면서 인생을 청소할 수 있는 노력을 하라.

우리가 두 손으로 마음대로 요리를 해도 입맛에 딱 맞기란 어려운 일이다. 하물며 인생이 어떻게 우리 사는 맛에 딱 맞겠는가. 그렇지 않다면 도대체 주어진 우리의 삶을 쓰레기 밭으로 만들겠다는 이야긴가.

"그게 마음대로 되나요?"

그게 마음대로 된다. 학습하고 노력해 보라. 그러면 좋은 기운이 당신의 가슴에 빛줄기처럼 흐를 것이다.

행복한
부부가
되려면

　나는 행복한 부부로 살아 보지 못했다. 그 이유를 나는 늘
남편에게 있다고 생각했다. 남편뿐만 아니고 누구누구 여타의
이유를 대면서 나는 불만투성이로 가득차 있었다.

　물론 남편은 여자를 행복하게 해 줄 수 있는 소질이 전혀
없었다. 물론 노력 같은 것은 절대 금물이었다.

　행복하지는 않다 하더라도 나를 가만히 놔두지도 않았다.
나를 사랑한다는 것은 기본적으로 믿고 있었는데 그는 나에
대해서 긍정적으로 생각하는 것이 아무것도 없었다. 흠 잡는
것이 버릇처럼 되어 있었고 뭐든 못한다고 윽박질렀다.

　나는 화장실에서 수돗물을 틀어 놓고 남편을 향해 쌍욕을
하기도 했다. 나는 그 시절 위장을 앓는 등 늘 아팠고 비쩍 말

라 있었다.

내가 내 생활에 적응을 할 무렵 남편은 쓰러졌고, 일생 나는 그의 간병인으로 부부 생활을 마쳤다.

그때 그 사람이 나에게 윽박질렀던 것은 알고 보니 어머니와 같이 살아가는 입장에서 아내에게 너무 빠졌다는 소리를 듣지 않으려고 약간은 과장해서 그랬다는 것을 알았다.

구식 사고를 가지기는 했어도 그것은 어처구니없는 일이었고 나는 너무 빨리 결혼의 기쁨이라는 것을 접고 아이를 사랑하는 데 집중하고 오히려 더 글을 쓰는 데 몰입했는지 모른다.

"당신은 글이라도 썼잖아요?"라고 하겠지만, 그러나 생각해 보면 다 길이 있을 것이다.

미국 시카고 대학에서 인간 발달학으로 박사가 된 최성애의 『행복수업』을 보면 행복한 부부는 제각기 다르지만, 불행한 부부는 다들 비슷하다고 말한다.

행복한 부부는 다양한 방법으로 서로에 대한 긍정적인 정서를 쌓아 가지만 불행한 부부는 공통적으로 비난, 방어, 경멸, 담쌓기라는 네 가지 방식으로 싸운다는 것이다.

내 경험에 비추어 봐도 맞는 말이다. 생각해 보면 늘 같은 레퍼토리의 대화가 오고 갔다. "당신은 늘 그렇지 뭐.""그러는 당신은 뭘 잘했어!""왜 자기 잘못한 것은 몰라 왜!" 등등이다.

어쭈, 하면서 상대를 경멸하기도 한다. 요즘 부부가 이렇게 싸우면서 제일 먼저 생각하는 것은 이혼이다.

나는 남편과 너무나 잘 맞지 않았지만 현대 여성으로 도저히 참을 수 없는 모욕을 당해도 이혼을 생각하지는 않았다. 나는 그런 생각조차 안 했다. 가끔 도망가고 싶었지만 한 번 실컷 울고 나면 또 살곤 했다. 그 당시 갈 곳이 없어서 그랬을까. 나는 아니라고 생각한다. 내 어머니는 나보다 백배 어려운 삶을 살면서도 다 받아 내었다.

어머니는 모든 게 희생적이었지만 결국 아버지 옆에서 눈감는 것을 완성이라고 생각했다. 뭐 그럴 필요까지 있었을까도 싶지만 지금 생각하면 어머니의 선택이나 나의 선택도 나쁘지는 않았다. 때론 내가 못나서 그럴까도 생각했다. 그런지도 모른다.

모든 부부는 결코 해결되지 않는 영속적인 갈등이 있다. 행복한 부부들은 갈등이 생기면 웃어넘기거나 다시 생각하자 하면서 피하는가 하면, 불행한 부부들은 그것을 잡고 늘어지면서 다른 이유까지 다 끌어들이며 문제를 확대한다는 것이다.

최성애 박사는 행복한 부부가 되는 방법에 대해 평상시에 적금 붓듯 긍정적인 감정을 쌓아 놓아야 한다고 말한다. 저 사람은 이런 점이 좋아, 저 사람은 이런 성실한 점이 특징이야 등등 좋은 장점을 새겨 두고 잘못했을 때 그것을 생각하라는 것이다. 사람은 다 만점은 아니니까 말이다.

최 박사는 세계적인 부부 치료사 존 가트맨 박사가 운영하는 미국 시애틀의 가트맨 인스티튜트에서 부부 치료사 자격증을 땄다. 가트맨 부부는 우리나라에서도 강의를 했는데 그는 싸우는 부부 밑에서 자라는 아이보다 이혼한 부부의 아이가 성격적으로 더 문제를 나타낸다고 말하면서 한국의 이혼율을 줄여야 한다고 했다.

좋은 부부는 연인 관계보다 친구 관계로 이끌어 나가고 친구의 입장에서 서로를 돕는 대화를 많이 하라고 귀띔하기도 했다.

가트맨 부부는 딸아이가 네 살 때 잘못한 이후 텔레비전을 껐는데 그때부터 텔레비전을 켜지 않았다고 말했다. 뭘 했겠는가. 그들은 사사건건 작은 문제도 서로 대화로 모든 일을 풀어 갔다고 한다.

"우리는 머리는 좋을지 모르지만 관계에서는 백치나 같다." 라고 스스로 고백하면서 이혼율 1위의 한국에 불을 끄러 왔다고 말하기도 했다.

그의 말은 너무 이기려고 하지 말고 가르치려고도 하지 말고 각자를 존중하면서 로맨스보다 돈독한 우정을 노력해 보라고 말했다.

우리나라 부부 중에는 제아무리 부부 교육에 대한 자리가 있어도 듣지 않는 사람들이 많다. 아예 귀를 막는다.

남들 소리 그거 아무 소용이 없다는 것이다. 쿨하게 살자
는 부부도 늘어난다.

그냥 사는 거지 뭐! 부부 대화는 무슨 알량한 부부 대화
야. 그렇게 단정을 하고 따로따로 사는 것에 길든 부부도 있다
고 한다. 사뭇 현대적이기는 하다. 아마 큰 소리가 안 날 수도
있다. 아무런 기대도 없으니까.

그런데 뭔가 시큼한 냄새가 난다. 서로에게 부정적인 감정
이 쌓여 썩고 있을지도 모른다. 생각해 보았는가. 당신의 그
러한 감정이 자녀들에게 어떻게 스며드는가를 생각해 보았는
가. 결혼 생활은 두 사람만의 것이 아니다. 자녀 앞에서 남편
의 좋은 점을 말하라. 그 순간 당신은 가정의 주인이 되는 것
이다.

우리의
또 다른
가족들

현대 사회의 가장 큰 변화 중 하나는 우리 주변에 가족 관계가 많이 달라진 것이다. 흔히 우리가 알고 있는 가족이란 아버지, 어머니, 언니, 동생, 이런 정도다. 거기 더 보태면 할머니, 할아버지가 있을 수 있지만 지금은 가족 상황이 엄청나게 달라졌다.

구조적으로는 한부모 가족, 노인 가족, 무자녀 가족 등으로 나누어지지만, 생활양식으로는 맞벌이 부부, 주말 부부, 기러기 가족, 재혼 가족, 입양 가족, 다문화 가족, 독신 가족, 동거 가족, 동성애 가족, 공동체 가족 등도 있다.

세부적으로 보면 우리가 이해할 수 없는, 평범한 가족의 형태를 벗어난 가족도 있다. 그러나 나와 다르다고 해서 그 가족 형태를 나쁘다고 말하면 안 될 것이다.

우리는 지금 주변에 살고 있는 여러 형태의 가족들을 이해하고 인정하는 넉넉함이 필요하다.

첫째로 한부모 가족이 있다. 배우자와 사별 또한 이혼한 가정으로서 자녀들과 살고 있는 가정이다.

사별은 어쩔 수 없는 일이지만 이혼이 늘면서 한부모 가족이 많이 늘었고 이 가정들은 어쩔 수 없이 자녀 문제의 어려움을 겪고 있다. 이 한부모가 어머니가 아니고 아버지일 때 자녀 문제는 더욱 커진다.

부부 치료사 가트맨 부부도 싸우는 부부의 아이들보다 이혼한 부부의 자녀들이 더 세상을 뚫고 나가기 어렵다고 말한 적이 있다.

나는 제자들에게 이혼은 절대 안 하는 것이 좋지만 어쩔 수 없이 이혼을 할 때는 반드시 아이는 엄마가 기르라고 당부한 적이 많다. 왜냐하면 아버지가 기르는 자녀들의 문제점을 듣고 보아 왔으므로 그것이 얼마나 사회적인 문제를 일으키는지 알기 때문이다. 그리고 아이들에겐 엄마가 필요한 것이 아닌가.

노인 가족 또한 고령화 사회가 되어 가면서 점점 늘어나고

158

있는 가족 형태다. 건강하면 자녀와의 생활도 훨씬 자유롭고 즐거울 수 있다. 노부부가 함께 삶을 이끌어 가는 방법과 즐거움을 찾아내는 사람이 건강하고 오래 살 수 있을 것이다.

서로 일을 분담해서 남자도 심심하지 않게 가사일을 도우며 생활을 재창조하는 모습을 보여야 한다. 손은 잡지 않더라도 같이 산책하는 모습은 아름답고 근사하다. 그저 그런 것이 노년의 아름다움인 것이다.

맞벌이 부부가 있다.

맞벌이 부부의 불만도 적지 않다. 우리나라 남자들은 고정관념이 강해서 집안일을 하는 것을 자존심 상한다고 생각한다. 그것은 촌스럽고 미숙한 생각이다. 가정은 둘만의 것이고 두 사람의 힘으로 이끌어 나가는 것이다. 여자가 종일 직장에 시달리다 와서 아이들을 먹이고 씻기고 집안일까지 혼자 해야 한다면 그것은 가족이 아니다. 같이 벌고 일은 여자만 한다면 그것은 남자의 횡포인 것이다.

그런 남자의 횡포와 아이들에게 시간을 많이 내 주지 못하는 것이 미안해서 직장을 그만두려는 여성도 많다.

그러나 일을 그만두고 전업주부가 되면 경제적 부담이 또 괴롭힐 것이고 그렇게 했을 때 아이들이 더 좋은 결과를 얻을 것이라는 보장도 없어서 일하는 여성은 이래저래 고민이 많은 것이다.

서로서로 시간과 현실을 감안해서 함께한다는 공동의 책임을 질 때 맞벌이 부부는 가능한 것이다.

무자녀 가족이 있다. 딩크(DINK)족이라고 부르는데 아이를 애당초 갖지 않기로 하고 둘만 사는 가족이다.

자녀에 대한 꿈이나 둘 외에 어떤 관계도 사절하는 사람들인데 우리가 생각하기에 위험하거나 외로울 것 같지만 이렇게 잘 살아가고 있는 사람들이 많다. 이런 경우 부부가 다 일을 하거나 취미로 생활하는 데 바쁘다든가 한다면 나쁠 것도 없다.

내 친구는 결혼 40년을 둘이서만 산다. 결혼 후 3년 동안 아이가 없었는데 이들 부부는 서로 논의한 끝에 약을 먹거나 병원에 다니지 말고 그냥 둘이 살기로 했다. 안으로야 약간의 흔들림이 있었는지도 모르지만 지금까지 잘 산다. 오히려 세련되게 살아가는 모습이 좋아 보일 때가 있다. 노후? 누구나 가는 곳은 비슷하지 않은가.

주말 부부가 있다. 우리나라 산업이 활성화되고 지방에도 기업의 중요한 본부들이 서기 시작하면서 주말 부부가 성행하기 시작했다. 적어도 아이들 교육은 서울에서 시켜야 한다는 생각은 불변하므로 주말 부부는 자연스러운 형태가 되었다.

서로 보기 싫어지고 싫증이 날 때쯤 일주일에 한 번씩 만난다는 것은 거의 축복에 가깝다. 남편, 아내 없이 하루도 못사는 여자나 남자라면 몰라도 일주일에 한 번은 딱 좋은 거리다.

일주일에 한 번이니 싸움은 가능한 하지 못한다. 서로 참고 하루이틀을 잘 보내려고 노력한다. 가끔 남편이 있는 곳에 여행 삼아 갈 수도 있고, 생각에 따라 주말 부부는 여러 가지 이로운 점도 많다.

기러기 가족이 있다.

사건들은 많았다. 신문의 사회면을 덮다시피 한 기러기 가족들의 이야기……. 외국에 있는 아이들과 아내에게 돈만 홀랑 보내고 노숙자처럼 전전하며 영양실조로 쓰러진 아빠의 이야기는 차라리 우리를 분노하게 했다.

아이들을 데리고 간 아내가 외롭고 무서워서 그곳에서 다른 남자를 만나 그렇게 고생한 남편을 버리는 이야기라든가……. 별별 이야기가 세상을 떠돌아다녔다.

자녀 교육은 그 가정의 화목을 뒷받침으로 이루어져야 한다. 한국을 믿어라, 여기서도 그 정도의 희생을 각오하면 뭘 못 하겠는가. 왜 무엇 때문에 가족이 흩어져 사는가. 교육? 영어? 미래? 도무지 그것이 가정의 행복보다 중요한 일인가. 진정한 자녀 사랑에 대해 신중한 선택이 필요하다.

40대와 50대는 인생의 불안한 시기이며 가족끼리도 예민한 시기다. 각각은 다 외롭고 답답한 나이다. 그럴 때 서로 떨어져 살면 그 결과는 부정적이기 쉽다.

반드시 유학으로 승부를 걸어야 하는 사람은 그 모든 가족 관계가 단단하며 경제적 능력도 준비가 되어 있고 부부가 서로 자주 왕래할 수 있거나, 가정의 문제로 이어지지 않을 서로의 신뢰가 완벽하게 서 있어야 할 것이다.

재혼 가족이 있다. 이혼이나 사별 후에 다시 짝을 만나 사는 일인데 얼마 전 신문에서는 85세가 넘는 나이에 짝을 이룬 부부를 소개했다. 나는 적극 권하는 일이다.

100세 시대를 살아가면서 50~60년을 홀로 살 필요는 없다는 것이다. 자녀들의 이해를 받아 서로 친구가 되어 노후를 살아가는 일은 흐뭇해 보인다.

제아무리 자녀가 돌본다 해도 부부만 못할 것이다. 혼자 먹을 때는 대충 먹는 밥을 그래도 함께라면 좀 챙겨서 제대로 먹을 테니 좋은 일이다. 집 안에 뭐가 고장이 나도 서로 왜 그럴까 생각하며 해결할 수 있으니 역시 좋은 일이다.

무엇보다 나이가 들면 고독하다. 노후의 외로움은 뼈가 시리다고 말한 선배가 있었다. 나보고 그 선배가 그랬다.

"내 유언인데 결혼하라구."

아마도 그 선배가 혼자 살면서 자주 바닥에 내려꽂히는 절망적인 외로움이 있었을 것이다. 나도 혼자 사는 내 후배들을 보면 그렇게 말한다.

"결혼하라구!"

그러나 내 말을 들은 후배도 자기는 못하면서 자기 후배에게 그렇게 말하는 것 아닐까. 나는 꼭 하라고 말하고 싶은데, 그게 어디 마음대로 되는 일인가.

근사한 남자, 따뜻한 남자, 예의 바른 남자, 여자를 사랑할 줄 아는 남자들은 다 어디로 갔을까. 이상하게 이혼했다는 남자들은 많은데 혼자 사는 남자들은 잘 보이지 않는다. 다 어디로 갔지……

재혼은 앞으로도 늘 것이다. 좋은 사람은 서로 잘 이해할 수 있는 사람이다. 서로의 모자라는 점을 보완하고 보충해 주는 관계로 소박하게 두 사람의 현실을 잘 이해하면서 사는 것이 재혼의 가장 중요한 일일 것 같다. 서로 상처가 있는 사람들 아닌가. 재혼해서 잘 사는 사람들에게 주변에서도 따뜻한 마음을 보태 주어야 하지 않을까.

입양 가족이 있다. 아무나 실천할 수 없는 삶의 자세다. 인생관이 뚜렷하고 어떻게 사느냐를 소중하게 생각하면서 나 혼자의 삶이 아니라 나누는 삶을 실천하는 사람들, 나는 그들이 위대해 보인다.

나는 내가 할 수 없는 일을 하는 사람 앞에선 언제나 허리가 굽혀진다. 그게 보통 일인가. 흔히 배로 낳지 않고 가슴으로 낳았다며 환한 웃음을 짓는 사람들을 보면 내가 무슨 죄를 짓는 것 같은 생각이 들 때도 있다. 자기가 낳은 자식도 제대로 기르지 못하는 사람들이 얼마나 많은가. 내 조카는 미국인과 결혼했는데 2년을 기다리다 아이가 없으니 한국 여자아이를 두 명이나 입양해서 행복하게 살고 있다. 미국 남편이기 때문이라고 생각했지만 그렇지 않다. 한국에서도 입양이 얼마나 넓게 퍼져 가고 있는가.

이렇게 새 자녀와 새 부모로 맺어진 아름다운 인연을 하느님이 반드시 축복해 주어야 한다고 나는 생각한다.

사랑이 무엇인지 우리는 다시 생각해야 한다. 진정한 사랑은 고통스럽더라도 상대방의 안위를 위해 주는 것이고, 하나의 생명을 구하는 입양이야말로 가장 큰 사랑의 표상이라고 할 수 있을 것이다.

다문화 가족이 있다. 다문화 가족은 지금 사회에 가장 중요한 문제로 떠올랐다. 정부 차원에서도 여러 가지 해결 방안을 준비하고 실행하고 있으며, 우리 사회에서도 다문화 가족에 대한 인식이 많이 달라지고 있다.

문제는 많다. 특히 시골 총각들이 여자를 만나지 못해 가난한 나라의 여성들과 맺어지는데 그 관계에서 사기도 당하고 인생의 모든 꿈을 박탈당하는 경우도 많았다.

부부로 맺어지는 것이 순전히 돈을 향해 있고 개인적인 행복에만 고정되어 있으면 그것에서 오는 실망으로 인해 결국 파국에 이르고 만다.

그러나 반드시 그렇지만은 않다. 한국의 문화를 익히며 행복하게 사는 타국의 아내들도 많다. 한국말을 배우려고 아기를 업고 공부하는 여성들을 보면 가슴이 저리기도 하다.

다문화 가족들에게 사랑과 친절을 베풀며 좋은 이웃으로 살아가려는 노력이 필요하다. 우리의 동생, 이모, 조카라고 생각하면서 그들의 추운 마음에 바람막이가 되어야 하지 않겠는가. 편견과 차별을 극복하고 우리나라에서 삶의 터전을 마련하는 그들에게 우리는 손을 내밀고 받아들이는 성숙한 자세가 필요하다.

독신 가족이 있다. 마트에 가면 1인분으로 만들어 놓은 음식들이 많다. 이것은 그 사회를 반영하는 일 아닌가. 우리가 알고 있는 것보다 독신 가족은 훨씬 많다.

이혼, 사별, 별거 그리고 스스로 원해서 독신을 고집하는 경우 등 여러 가지 형태로 독신 사정은 많다. 앞으로 아파트를 1인용으로 지어야 한다는 말까지 있다. 특히 노인들의 독거는 더 말할 것도 없다.

이래저래 독신 가정은 갈수록 늘어나는 추세다. 당연하게 받아들이고 독신 가정을 부러워하는 사람들도 늘어난다. 그러나 가정이라는 굴레가 짐스러워지고 잔소리와 간섭을 벗어나 누구나 혼자 살아가기를 원한다면 이 사회는 절름발이가 되고 말 것이다.

참는 것을 견디지 못하고 내 마음대로 사는 것을 원한다면 모두 혼자만 아는 이기적인 인간으로 변하게 될 것이다. 사랑을 모르는 건조한 인간으로 세상은 메마르고 사람들은 더더욱 고독해지고 정신은 가을잎처럼 멍들 것이다.

인간의 내재된 능력을 이끌어 내는 데는 가족의 사랑이 가장 필요하다. 가족 사랑을 배당받는 일은 내가 먼저 사랑하고 참고 이해하는 일이 우선인데 그런 아량을 거절하는 이 사회가 어디로 갈지 염려스럽다. 편하다고 해서 자유롭다고 해서 혼자의 삶을 원한다면 어쩌나. 독신 사회에 대한 우려다.

동거 가족이 있다. 법적으로는 부부가 아니지만 남녀가 부부의 관계를 맺으며 사는 가족이다. 서양에서는 부부 연습으로 먼저 살아 보는 견습 부부가 있다곤 하는데 우리나라에도 그런 것이?

166

그러나 살아 보고 결혼하고서도 이혼하는 걸 보면 딱히 그런 것은 아닌 모양이다. 몇십 년 후엔 어떻게 변화할지 모르지만 아직은?

동성애 가족이 있다. 유럽의 몇몇 나라와 미국의 몇몇 주에서는 이를 법적으로 용인한 곳도 있다. 풍문에는 우리나라에도 그 숫자가 많다고 하는데 이를 가지고 어느 드라마에서도 왈가왈부한 적이 있다. 누가 농담인지 진담인지 하는 말로, 앞으로 세월이 좀 가면 "나 결혼해."라고 하면 이렇게 묻는다는 것이다 "여자랑 하니? 남자랑 하니?" 앞으로 이 동성애에 대해서도 좀 더 피부에 닿는 견해들이 나올 것 같다. 또 그래야만 되지 않겠는가.

미혼모, 미혼부 가족이 있다. 결혼 전에 아이를 가졌지만 결혼하지 못하고 혼자 키우는 경우다. 우리나라 통계에도 이 숫자가 많다.

경제적 어려움에다 사회의 시선도 곱지 않고 직장이나 부모에게 자신있게 하소연도 할 수 없는 가장 어려운 처지다. 아이만큼은 잘 키우려는 노력과 꿈이 있지만 현실적으로 넘어야 할 고개가 많다. 가족이건 사회건 도와주어야 하지만 본인의 뚝심 있는 의지가 가장 중요하다. 내 아이를 기르는 일에 사랑을 잊지 말아야 하며 용기를 잃지 않는 것이 가장 큰 재산이다.

비혼모 혹은 미스맘이 있다. 결혼은 하지 않고 아이만 낳아 기르는 여성을 말한다. 일명 자발적 비혼모(single mothers by choice)라고 하는데 독신주의자이면서 애인 또는 정자은행을 통하여 아이를 낳아 기르는 선택이다.

새로운 삶의 방식이지만 애처롭게 보이기도 한다. 이런 경우 독자적인 성과 호적을 사용하는데 정자의 주인공이 누구인지 모르는 경우도 있다고 한다. 간혹 여성 잡지나 신문에서 보는 일이 있지만 흔한 경우는 아니다. 그러나 자신이 결심했다면 그 선택에 대해 우리의 이해가 필요하다. 결국 자신의 삶이고 자신의 선택이다.

안식년 가족이 있다. 부부 합의에 따라 일정 기간 자신의 자아 성취를 위해 유예 기간을 갖는 가족들이다. 이유는 더 있다. 서로의 지루한 감정에 안식년을 주는 것이다. 부부가 오래 살다 보면 감정적으로 부딪치는 일이 많고 서로 안 맞는다고 다투기도 한다. 부부는 원래 안 맞아도 미워도 싫어도 같이 살아야 한다고 생각했던 옛날과 달리, 아이들이 대학에 들어가기만 하면 서로 따로 살아 보려는 가족들이 있고 아이들을 혼인시켜 놓고 노후에 이혼은 하지 않고 나뉘어 사는 노부부도 있다.

가족이란 단맛 쓴맛을 함께하는 사이에 이해심도 깊어지고 정도 든다고 생각하는 것이 한국적인 정서다. 비비다 보면 좋아진다고 믿는 것이다. 그래서 한국의 가족은 사랑이라는 말보다는 정이라는 말이 더 많이 통용된다. 오죽하면 '더러운 정'이라는 말이 있겠는가. 옛날 말에 싸울 대상이라도 있어야 하는 것이 노후라고 했는데…….

그 밖에 이혼, 별거, 가출, 행방불명으로 인한 결손가정의 아이들끼리 모여 사는 새싹 가족이 있으며, 이혼은 했지만 같이 살면서 아이를 돌보는 이중 핵가족도 있고, 갈 곳 없는 사람들이 모여 사는 공동체 가족이 있다.

가족이라는 이름이 붙은 여러 가족을 다 불러 보았는데 또 다른 가족이 있는지 모르겠다. 우리는 여기 줄지어 선 모든 가족들을 비판이 아닌 이해의 눈길로 바라보고 우리의 또 다른 가족이라는 의식이 필요하다.

마음속 자궁으로
남자를 품으라

말을 참아서
담쌓지 말자

　육당 최남선이 백두산 정상에 올라 천지를 처음 접했을 때 "에구 어머니!"라고 했다 한다. 그 이지적인 남자가 그런 감탄사를 외쳤다는 것도 이상할 게 없다. 요즘 최첨단의 교육을 받은 젊은이들도 모두 위급한 상황에서는 "엄마!"를 외친다.

　그렇다면 여자들은 어떤가. 너나없이 엄마를 부른다. 엄마는 늘 옆에서 우리를 지켰고 가장 오래 살을 부볐던 사랑의 대상이므로 그렇게 자연스럽게 부른다는 말이 있고, 부르면 얼른 자기를 안아 위험에서 구해 주는 사람이 엄마라고 믿기 때문이라는 말도 있고, 우리들의 귀에 우리들의 손에 엄마의 기운이 배어 있어 부른다는 소리도 있지만, 어떤 한탄도 억울함도 견디고 참으며 살았던 엄마의 모습이 신(神)적인 존재로

입력되어서 무의식적으로 엄마를 부른다는 글을 읽은 적이
있다.

그러면 요즘 여성은 어떨까. 어느 잡지의 통계에서 오늘의
여성들도 다르지 않다는 결과를 본 적 있다. 이유가 좀 어색하
기는 했지만 여성들이 견디고 참고 말하지 않는 것은 첫째 자
존심 때문이고, 자신의 어머니와 달라야 한다는 강박관념과
지성적인 여성은 말하지 않아야 한다는 편견 때문이라는 뜻
밖의 글을 본 적이 있다.

아마도 말해도 통하지 않는 가족들에게 이유가 있지는 않
을까. 들어 주지도 않고 통하지도 않으니 아예 입을 다물어
버리는 여성들이 억울해도 기막혀도 침묵으로 일관하는 것이
버릇이 되었는지 모를 일이다.

그리고 보면 여자의 소리가 담 넘어가면 용서치 않았던 그
옛날이나 오늘날이나 이유는 좀 다르겠지만 여성들이 속으로
삼키는 것은 다르지 않는 것 같다.

여성들은 친구들과 시끄럽게 수다를 떨고 공공장소에서 크
게 소리 내어 웃기도 하는데 아마도 속에 든 불덩어리를 식
히기 위한 자기 나름의 근심 소화법이 아닌가 한다. 집에서는
수다쟁이가 되지 않는다. 남편도 마찬가지다. 아이들만 떠들
고 말한다. 왜 집에서는 입을 닫게 될까. 밖에서 너무 말을 많
이 해서 집에서는 말을 하지 않는 것일까.

내 친구 미숙이는 연애할 때 왜 그렇게 하고 싶은 말이 많았는지, 통행금지가 있었던 그 시절 사실 남자가 끌면 끌려서 여관에라도 가고 싶었다고 말했다. 촛불을 켜고 둘이서 밤을 새우며 말하고 싶은 것이 그 시절 가장 강렬한 꿈이었다는 것이다. 그들은 결혼했고 그다음에 만나 내가 물었다.

"그래 실컷 이야기했니?"

미숙이가 허탈한 표정으로 나를 빤히 바라보며 말했다.

"결혼한 그날부터 할 말이 없어졌어."

결혼 생활이라는 것이 그렇게 무심하게 만들어 놓는 무슨 괴물이라도 존재하는 것인지, 그 괴물이 어쩌면 축복인지도 모른다고 말하며 우리는 웃었다. 늘 밤을 새우며 촛불을 켜고 싶어 한다면, 그래서 늘 둥둥 마음이 북을 치며 흔들린다면, 그 남자 속으로 밤낮없이 파고들고 싶다면 어쩌겠는가. 우리는 늙는 것이 무엇인지도 모르고 일찍 죽어 버릴지도 모른다. 다행히 내 친구들은 죽지 않고 건재하다. 무심하게 적당히 감정을 다스리며 살아왔기 때문일까.

서로에게 적당히 약점도 있고 보기 싫은 부분도 있어서 "싫어 싫어." 하다가 살면서 "그저 그래."로 도착하게 되는 여행이 바로 결혼이 아니겠는가.

그런데 요즘 여성들의 이야기를 들어 보면 너무 말이 없는 집 풍경이다. 몇 가지 사무적인 이야기 외에 농담도 창밖 풍경의 변화에도 아무 말이 없고 때로는 한마디 없이 식사를 끝내기도 한다는 여성도 있다.

반드시 해야 할 말까지 꾹 참아 버리거나 "하면 뭐해!" 하면서 지나가 버리면 어쩌나. 결국 그것은 자신의 감정을 비집고 나와 엉뚱한 데서 터지기도 한다. 그 결과로 쓸데없이 말의 낭비를 하거나 감정적인 실수를 하거나 아이들에게 하지 말아야 될 말을 내뱉기도 한다.

부부가 하고 싶은 말을 하는 것은 가정이라는 기업이 이윤을 남기고 식솔들을 책임지며 발전해 나가는 건강한 기업으로 살아 움직이기 위한 최초의 방법이다.

해야 할 말을 참는 버릇은 결국 병으로 이어지고, 병은 우울증으로, 우울증은 가정의 파탄으로 이어지는 법이다.

최소한 한 달에 한 번은 감정 계산서를 내야 한다. 부부 정산이라고 할까. 잘했으면 서로 칭찬하고 응원하고, 잘못했으면 사과하고 뉘우치고 더 열심히 하고, 가정의 활발한 내일을 위해 각자 해야 하는 일에 대한 수정과 보완의 각오가 필요한 것이다. 그래, 가정의 수정과 보완……

회의 없는 회사는 망한다. 원칙 없이 각자 마음대로 가면 망하게 되어 있다. 회의는 모든 문제를 상의하고 무엇보다 더 잘할 수 있는 길을 모색하고 노력하려는 의지이다. 그래야 회사의 흐름을 익히고 그렇게 따라가는 것이다.

모자라는 것은 채우고 넘치는 것은 조절하는 것이 바로 대화의 소통에서 비롯되는 것이다.

행복하고 건강한 가정을 지키고 싶다면, 대화를 하라.

남자는
70세가 넘어도
어린아이다

옛날 한국 여인에 있어 용모의 이상적 조건은 미모나 건강에 있는 것이 아니라 자왕상(子旺相)에 초점이 맞추어져 있었다. 아들을 낳을 상이라는 것이다.

우리나라같이 남존에 대한 의식이 별다르게 강한 나라에서는 아들을 낳지 못하는 여성들은 생명 그 자체가 위태로웠었다. 그런 시대에 우리 어머니는 딸들을 우루루 낳아 일생을 곤궁하게 살았고 늘 기를 펴지 못하고 인간 대접을 받지 못했다. 어머니가 불행했던 첫 번째 이유는 바로 아들 생산이 제대로 되지 않았던 것이다.

세월과 풍조가 많이 변했던 시절이었지만 나도 세 번째 딸을 낳았을 때는 하늘이 무너지는 것 같았다. 도로 뱃속으로 집어넣고 다시 아이를 갖고 싶었던 그 강렬한 집념에는 지금도 검은 연기가 피어오른다. 어머니가 나를 가장 불행한 딸로 생각했던 것은 오로지 아들이 없는 것으로부터 비롯되었다.

셋째를 가지고 하도 고민이 되어 여러 책을 보다 보니 아들을 낳을 수 있는 날짜가 있었다. 이미 아이를 가졌지만 그 숫자와 친해지려고 무던히 공허한 씨름을 한 것이 기억난다.

생리가 끝나고 1, 3, 5일이 기수(奇數)일이라 하여 아들을 얻고 2, 4, 6일은 우수(偶數)일이라 하여 딸을 얻는다는 말을 듣고 목욕탕에 가면 홀수 숫자가 있는 박스에 옷을 넣으려고 애를 썼다. 얼마나 절박했는지 어느 날 목욕탕에 사람이 많아 남은 것이 딱 짝수 숫자의 박스여서 목욕도 안 하고 돌아간 기억을 떠올리면 지금도 한심하고 기막힐 일이다.

밤에 누워 홀수의 숫자를 부르고 홀수를 쓰기도 하면서 나는 결국 또 딸을 낳았다. 이게 누구의 잘못인지 그깟 이유쯤 아무것도 아니다.

어머니는 날 여섯 번째 딸로 낳았을 때 핏덩이를 발로 찼다고 했다. 어머니는 그때 그 핏덩이가 저절로 죽기를 바랐다고 말하기도 했으며 죽일 수도 있었다고 말했다. 그러고는 그 마음의 죗값 때문에 날 더 측은하게 생각했다고도 했다.

내가 왜 꼭 아들을 낳아야 했는지도 모르겠다. 어머니는 살아남기 위해서였다면 나는 생존 때문은 아니었다. 자존심이었을 것이다. 아들이 좋은 것이라는데 왜 나만 낳지 못하는 것일까 하는 그 안타까움과 은근히 아들을 기다리는 남편과 시어머니에게 기가 죽는 일이 싫었던 것이다.

어쨌건 제법 교육을 받은 나까지 아들 선호에 목을 걸었던 것이니 한심하지 않을 수 없다. 시어머니와 같이 살았던 나는 아마도 더 거기 지지 않으려고 나도 아들 하나쯤은 낳을 수 있다고 말하고 싶었는지 모르겠다.

셋째 딸을 낳고 사람들은 말했다.

"이번엔 뭐 달았으면 좋았을걸."

전화로도 물었다.

"이번엔 뭐 달았어?"

왜 그렇게 달린 걸 찾았는지, 그렇게 달린 게 좋은 것인지. 그러나 나는 그 달린 것이 없는 딸들을 보석처럼 귀하게 여기며 사랑했다. 내 인생의 기둥들이었으니까.

세상이 진화했을까. 그렇게 떠받들던 남자들, 그 달린 사회의 주역들이 요즘은 힘이 없다. 남자들은 나이가 들수록 점점 더 약해지고 뭐든 아내에게 맡기고 싶어 하고 엄마에게 어리광 부리듯 아내의 아들이 되고 싶어 한다. 어린애같이⋯⋯.

70세 먹은 어린아이라고 부른다. 여자 속에서 나왔기 때문이라고도 하고 여자 젖을 빨아 그렇다고도 하지만 어머니들이 "넌 남자야!" 하고 너무 자기의 본질을 눌러놓아서 나이가 들면서 그 은폐되었던 어린아이가 일어섰는지도 모를 일이다.

너무 기죽은 남자하고 사는 것이 마음에 들지 않는다면 조금 부추겨 주는 것은 어떨까. 더러는 남편을 늙은 아들이라고도 부르지만, 어쩌나, 그 아이들을 업어 주어야 하지 않겠는가. 남자들이 더 외로움을 타고 남자들이 더 소심하고 더 잘삐치고…… 그것은 남자가 약하다는 것 아닌가.

그 남자와 그래도 조용히 차를 마시고 더러는 술도 마시고 가끔은 "요즘 힘들어?" 하고 묻기도 하고 남자의 쓸쓸함을 대화로서라도 업어 준다면 남자는 고마워하고 최선을 다하려고 하고 자기를 알아주는 아내 때문에 살맛이 날 것이다.

여자들이여! 여성은 몸속에만 자궁이 있는 것이 아니다. 마음속에도 정신의 자궁이 있는 거대한 인간이다. 그 마음속 자궁으로 남자를 따뜻하게 품어 주면 어떨까.

멋있는 아들을
만들려면
남편부터 멋있게
만들라

요즘 거리를 다닐 때 쉽게 눈에 뜨이는 것은 젊은 연인들이다. 그들의 공통점을 발견할 수 있는데 그것은 남자가 여자의 핸드백을 걸고 다니는 점이다. 여자가 화장실에 가는 것도 아닌 것 같은데 남자가 자연스럽게 여자의 핸드백을 어깨에 걸고 다니며 즐거워한다.

걷다가 여자가 "아이스크림" 하고 입만 떼면 남자가 얼른 달려가 아이스크림을 사 온다. 연애할 때 이것은 기본이다. 여자가 먹고 싶어 하는 것은 남자가 아무리 맛이 없어도 억지로 참고 웃으면서 먹는다.

그런데 잘 보면 남자를 부려 먹는 듯한 분위기가 있다. 아무리 봐도 남자가 여자에게 뭔가 매달린다는 느낌이 완연하다. 여자는 당당하고 남자는 쩔쩔매는 것 같다. 돈을 쓰는 것도 그렇다. 돈은 남자가 내고 여자는 구시렁거리고……. 이런 것을 남자의 엄마들은 잘 안다.

그런데 미묘한 것이 감지된다. 남편에게는 함부로 하는 여자들도 아들이 여자 친구에게 그런 걸 당할까 봐 전전긍긍한다.

그래서 나온 말이다. 나는 여자지만 남자 편이다. 남편이 아니라 아들 때문이다.

뭐 좀 이상한 뉘앙스다. 아들이 자라서 남편이 되는 것은 뻔한 일인데 엄마들은 아들은 좀 당당하고 남편은 기가 죽기를 바란다. 좀 이상하지 않은가?

어느 날 가족의 형태가 다양한 40대 주부 다섯 명과 만나 점심을 먹었다. 만나는 순간부터 분위기가 빵빵했다. 서로 말하려고 부딪친다. 할 말이 너무 많다. 남편 이야기, 아들 이야기, 딸 이야기, 연애 이야기, 돈 이야기, 직장 이야기, 그들의 이야기는 끝이 없었다. 여자가 행복해야 나라가 행복하다고 누가 말했나. 그 분위기를 보면 여자들이 할 말을 하는 세상에서 세상은 조금씩 진실 쪽으로 조준되고 있다는 생각이 들었다.

아들을 둔 여성들의 소리가 커졌다. 아들만 생각하면 속이 터진다는 것이다.

"에구, 오늘도 또 그 여자 친군가 뭔가 하는 기집애에게 돈을 얼마나 썼을꼬."

안타깝고 안쓰럽다는 것이다.

"왜 여자들은 돈도 안 쓰고 남자를 막 부려 먹는 거야!"

그러나 그렇게 말하는 여성들도 남자들에게 다 그렇게 한 여성들이다.

"나는 여자지만 남자 편이에요. 우리 아들은 마음도 약하고, 정말 말하고 싶지 않지만 좀 바보거든요. 여자 친구에게 뭘 좀 못 줘서 안달이에요."

자기는 받아 놓고 아들이 주는 것은 안 된다. 아들의 여자 친구도 다 여자의 적으로 보이는 것일까.

생각해 보면 그 여성의 남편도 다 그러지 않았었나. 그래도 늘 부족하다고 앙탈을 부린 여성이 자신의 아들이 여자 친구에게 하는 것은 못 봐주는 것이다. 남편이 억울하고 속 쓰린 생각은 아예 않는다. 아들만 가지고 난리다.

아들 가진 엄마들이 한 번은 꼭 아들에게 물어보는 질문이 있다.

"결혼 안 하고 엄마랑 평생 살까?"

똑똑한 아들은 농담이라도 그러겠다고 말하지 않는다. 엄마가 안쓰러워 겨우 그러겠다고 마음 넓은 아들이 말해 주면 그것이 거짓말이라도 엄마는 하늘을 얻은 듯 좋아한다. 엄마들은 아들을 질투하면서 젊음을 연장한다.

그러나 아들을 여자 친구에게 멋있게 보이고 싶고, 바른 정
신을 가진 가능성의 주인공으로 보이고 싶으면 아들 질투에
서 벗어나야 하지 않겠는가.

"아버지 멋있지? 아버지같이 살아."

이렇게 말하는 여성은 드물다. 내가 이렇게 말하면 백이면
백 다 그렇게 말한다.

"멋이 있어야 멋있다고 하죠."

아버지로 살아가면서 삶에 찌들어 멋을 잃고 있는 것은 아
닐까. 여자의 책임도 있다. 우선 남편을 멋있게 만들어라. 그
러면 아들은 바로 그 뒤를 따를 것이다.

8강

하루에 한 시간,
인생이 달라진다

매일 새롭게
인생을 시작하라

내가 만나는 여성들 중에 인생이 덧없다거나 흥이 안 난다거나 살고 싶지 않다거나 하는 여성들이 많았다.

뭘 좋아하는지 생각해서 뭐든 시작해 보는 것이 어떠냐고 하면 대부분 내게 말했다.

"그걸 해서 뭐해요."

그렇다. 그걸 해서 뭐할지는 누구도 모르는 일이다. 그런데 처음부터 부정적으로 시들하게 의욕을 깎아 먹는 질문으로 시작하면 내내 그 인생은 살맛이 없다는 것은 확실하다.

1강에서도 말했지만 '뭘 했다'라는 결론은 생각하지 말라. '내가 하고 있다'라는 과정을 즐기다 보면 결국 무엇이 되는 것이다.

나는 언젠가 신문에서 어느 30대의 좌절을 이겨낸 기사를 보았다. 이 30대는 젊은 나이에 과다한 업무와 머리를 무겁게하는 인간관계로 심한 우울증에 시달렸다. 스트레스에 시달리다 보니 잠도 못 자고 자신감을 잃었고 생에 어떤 의욕도 없어 보였다. 그렇게 입퇴원을 반복하면서 모든 걸 포기하고 싶은 그를 받아 준 사람은 연세대 의대 정신과 이홍식 교수였다.

그는 이 의욕 없는 젊은이와 함께 일주일에 한 번씩 강변을 15~20킬로미터씩 달렸고 마침내 마라톤 대회에 참가해 함께 완주했다.

의욕을 찾은 것은 당연했다. 의사가 말했다.

"자네가 육체적 고통을 이겨내며 완주하면 세상에 극복하지 못할 일은 없네. 그러면 약물 치료도 필요없고 날 만날 일도 없을 걸세."

아마도 그 젊은이는 약물 치료 대신 희망을 찾았고, 의사 대신 새로운 삶을 만났을 것이다.

그 젊은이가 나는 절대로 뛰지 못하겠다고 "그걸 해서 뭐해!"라고 했다면 그 젊은이의 인생은 거기에서 폐지 같은 삶으로 휴지통에 떨어지고 말았을 것이다.

살다 보면 그렇다. 싫은 일 속에도 인생의 숭고한 의미가 있다. 하고 싶은 일만 하고 사는 사람이 몇이나 될 것인가. 자기가 좋아하는 음악가, 미술가, 시인들도 모두 작업은 괴롭고 고통스럽다. 그러나 그렇게 하기 싫어도 하기 때문에 좋아하는 것이 된 것이다.

하기 싫은 일 속에 나의 귀중한 삶의 씨앗이 존재하고 있다는 것은 잊지 말아야 할 인생의 교훈이다.

누구나 스트레스 홍수 속에 산다. 특히 여성들은 마음은 있는데 행동이 약하기 때문에 더욱 스트레스를 받는다.

일단 자신의 약점과 불리한 조건을 너무 문제 삼지 말아야 한다. 왜냐하면 누구나 그 정도 문제는 안고 있기 때문이다.

오히려 감사부터 하면 어떨까. 내가 가진 것에 대해. 가족, 건강 등 조금 부실하지만 가진 것에 대해 먼저 감사하고 마음의 자세부터 바꾸면 강력한 스트레스도 해소되지 않겠는가. 그러면 '그걸 해서 뭐해!'가 아니라 '그걸 하자'로 변화할 것이다.

당신은 주변에 새로운 일을 하는 사람들을 본다. "그걸 해서 뭐해."라고 했지만 마음은 편하지 않다. 그림을 배우고 안 하던 새벽 운동을 하고 문화센터에서 노래를 배우고 영어를 배우고 문학을 배우는 사람들을 보면서 "그딴 걸 해서 뭐해."라고 했지만 마음은 고요하지 않았을 것이다.

새로운 일은 새로운 에너지를 준다.

일생 우리가 무엇인가 즐기고 정신을 집중할 만한 일이 있어야 자신감이 붙는다. 그래야 살기가 즐거워진다. 스스로 선택하지 않으면 절대로 남이 해 줄 수 없는 일이다. 돈보다 앞서는 것이 당신의 의지다.

하루에 한 시간,
인생이 달라진다

　자신의 행동에 스스로 놀라는 경우가 있다. 어떤 음악을 들을 때 신이 나서 발끝을 움직이는지, 어떤 사진을 보면 마음이 행복해져서 얼굴이 상기되는지, 자신의 행동으로 자신이 무얼 즐기는지 알아보는 것이 중요하다.

　스스로 자기를 알아보는 열쇠는 어떤 상태에서 어떤 배경에서 자신의 감정이 움직이고 힘을 얻는지를 생각해 보는 것이다. 뜻밖에도 무엇을 좋아하는지 알 수 있게 되고 자기를 신뢰하는 계기가 될지 모른다.

　누구나 잘하는 것은 있는 법이고, 스스로 무덤을 만든 그 '잘함'을 찾아내어 숨통을 터 주면 '그걸 해서 뭐해!'가 아니라 '그걸 하면 되겠구나.'로 발전할 수 있을 것이다.

나는 30대 후반에 어느 문화센터에서 주부들에게 글을 가르쳤다. 내 인생이 아무것도 결론지어져 있지 않은 대학강사 시절 몇 푼의 돈을 벌기 위해 시작한 글 가르치기는 결국 내 인생의 직업이 되었다.

그때 학생으로 하루도 빠짐없이 3년 반을 배웠던 30~40대 주부 다섯 명이 지금은 수필계의 중진으로 활동 중이다.

그들은 단 하루도 빠지지 않았고 숙제를 해 오지 않은 날이 없었다. 그만하고 싶어도 그들이 왔으므로 안 할 수가 없었다. 나도 열정적이었고 그들도 열광적이었다.

그들은 그 시절 남편보다 글에 매혹된 여자들이었다. 그때 그들의 글은 펄펄 살아 있어서 바다에서 막 건진 물고기를 내 두 손으로 잡는 생명력의 기적을 느끼게 했다.

나는 그들의 열정에 매료되었고 그들의 여러 작품들을 가지고 행복할 수 있었다. 불투명한 인생에 내가 위로를 받았던 시절이었다. 그 시절을 생각하면 두 손이 뜨거워진다.

그들은 순수했고 글에 몸을 낮추었으나, 머리는 높았고 명징했다. 그들도 수필가로 산다는 것은 생각하지 않았다. 열심히 하다 보니 수필가가 되었고 지금은 하나하나가 성공한 인생들을 살고 있다. 1년에 몇 번 밥을 먹는 자리에서 우리는 그 시절의 열정을 되새긴다. 무엇을 하는 시간을 감사하는 그 오랜 친구들은 내 마음의 위로이고 힘이다.

그들은 수업 시간에 글의 바다에 풍덩 빠져서 집안도 남편도 아이도 다 잊어버리는 순간 속에서 자신이 좋아하는 것이 무엇인지 알았던 것이다. 그 속에서 남편도 아이들도 다 건재했으며, 남편과 아이들도 다 우군이 되었던 것이다.

좋아하는 것을 할 때는 근심 같은 건 녹아 버린다. 좋아하는 일을 하루 한 시간만 해도 인생은 달라지지 않겠는가. 괴로운 일과 싸우면서 보내는 것보다 좋아하는 일과 싸우며 길을 찾는 것이 더 풍요로운 삶이 아니겠는가.

어설픈 달관이
절망보다
나쁘다

　마치 인생을 달관한 것처럼 "세상이 다 그런 거지 뭐!"라고
말하지 마라. 어떤 인생을 봐도 의미가 상실되어서 다 그런 거
지 뭐, 라고 해 버리면 더 이상 할 말이 없게 되는 것이다. 이
렇다 할 주관도 인생관도 없이 어설픈 달관의 막장 결론으로
그런 거지 뭐, 라고 한다면 그 인생은 심각하다.

　다 그런 거지 뭐, 에 의존해 버리면 안 될 것이 없고 될 것
도 없다.

　공공 정신이나 독립 정신, 합리주의, 법치주의에 한국인이
약한 이유도 이런 막장 논리에 의존하기 때문일 것이다.

　한국인들은 스스로 약자이길 선택하는 사람도 있는데 이
런 경우 약자임을 내세우며 이기려는 수법도 있다.

"그래, 나 없다, 왜! 그래, 나 못났다, 어쩔래!"

그렇게 덤비는 경우 아무런 방법이 없는 것이다. 다 그런 거지뭐, 라는 싸움의 방패는 자기 소멸로만 이어지는 자기를 향한 칼이라는 것을 알아야 한다.

남의 험담을 실컷 해 놓고 "세상이 다 그런 거지 뭐."로 결론 내리면 우리 자신 또한 '그런 거지 뭐'에 편입해 버린다. 그것은 스스로 자기를 버리는 일이다.

남는 것은 허탈감과 개운하지 않은 감정의 불순물뿐이다. 내가 살아가는 이유에서 가장 멀어지는 행위라는 것을 명심해야 한다.

지금 시한부 인생이라는 애석한 말이 돌고 있는 그 유명한 애플의 스티브 잡스가 21세기에 던진 화두는 일곱 가지였다.

1) 남이 하라는 것 말고 자기가 하고 싶은 것에 집요하게 파고들 것. 비전과 열정을 중시하라.

2) 세상을 바꿀 수 있는 지혜를 가질 것.

3) 세상을 새로운 눈으로 바라보고 아이디어를 이끌어 낼 것.

4) 소비자에게 제품이 아닌 꿈과 희망을 팔 것.

5) 완전한 제품이 나올 때까지 수백 번 NO를 외칠 것.

6) 누구에게나 쉽고 편리한 제품을 제공하라.

7) 단순 간결하며 이해하기 쉬운 말로 소통하라.

이것은 당신이 어떤 일을 하고 있더라도 다 통하는 이야기
다. 누구나 한 번은 자기에게 약속하고 지켜봐야만 하는 인생
교본이다. 이것을 외우고 매일 한 번씩 자기에게 속삭여 보라.
나에겐 5)번이 마음에 걸린다. 시가 완벽하게 될 때까지 NO
를 수백 번 외쳤는가 하고 뉘우친다.

아니야 아니야 하고 밤을 꼬박 새우는 열정이 시를 쓰는 데
도 필요하니까.

돈보다
가슴 뛰는 일을
찾아라

　자동차를 타고 길을 찾아갈 때 우리는 흔히 머릿속으로 가는 길을 생각한다. 그 길이 머릿속으로 확 들어오면 운전은 백배 쉽고 시간도 단축된다.

　그렇게 가다가 간혹 모르면 창을 열고 길 가는 사람에게 물어도 된다. 그것도 재미있는 일이다. 내가 다 아는 길이 세상에 어디 있겠는가.

　이처럼 내 인생의 길도 머릿속으로 그려 보아야 한다. 자기가 가는 인생길이 눈으로 마음으로 머리로 그려져야 한다. 그러나 잘 그려지지 않아도 상관없다. 지금부터 윤곽을 잡으면 된다. 그 윤곽에 따라 그 길로 가는 정보를 얻고 그 길로 가는 풍문을 듣고 그 길의 총체적인 지식을 자기 것으로 만들면 된다.

그 길로 가는 신문 기사를 읽고 스크랩을 하고 그러면서 그 일이 즐거운지 알아야 한다. 그 일이 뜻밖에 가슴 뛰는 일이라면 당신은 성공이다.

그 길에 대한 글을 읽고 준비를 하면서 기쁘고 자존감까지 생기고 세상이 긍정적으로 환하게 보인다면, 남들은 시큰둥한 일인데도 나는 가슴이 뛴다면 그것은 자신의 인생에서 해 볼 만한 일인 것이다.

어떤 일이든 가는 길의 과정이 행복해야 한다. 내가 하는 일에 대한 자부심이 일면 기쁨은 극대화될 것이다.

"살기 싫어." 하는 사람들의 심리를 들어보면 대개가 하고 싶은 일이 무엇인지 모르거나, 하고 싶은 일이 있긴 있는데 어디서부터 무얼 어떻게 해야 할지 모르는 사람들이다. 그러면 무력해지고 재미가 없게 되고 허무하고 아무것도 의미 있는 일이 없고, 친구 만나면 잠깐 웃다가 다시 허탈해하는 것이다.

갑자기 성공한다는 생각은 금물이다. 어떤 작은 일이라도 그것을 하면 그냥 즐겁고 시간 가는 줄 모르는 일이 누구에게나 반드시 있다. 돈이 되지 않아도 된다. 처음부터 돈 벌 생각은 하지 마라. 오히려 돈을 써야 한다. 돈이 없으면 무료 도서관부터 찾아라. 반드시 길이 보일 것이다. 그렇게 자신이 좋아하는 것을 하다 보면 돈을 벌 수 있는 길도 보이는 법이다.

너무 부자가 된다는 생각도 금물이다. 누구나 이름을 얻는 스타가 되지는 않는다. 그러나 10년, 20년을 하면 왜 안 되겠는가. 자신의 인생에서 가장 아끼는 것이 시간이라고 한다면 왜 당신이라고 좋아하는 분야에서 스타가 되지 않겠는가.

결론은 생각지 마라. 하고 있는 시간을 즐기기만 하면 된다. 그것이 삶의 가치가 아니겠는가.

내 후배 박인진은 51세에 각오를 다졌다. 두 아이를 대학 보내고 군대 보내고 이제부터 자기가 하고 싶은 것을 하기로 마음먹었다. 그리고 배운 것이 도자기였다. 나는 얼굴을 찌푸렸다. 그걸 가지고 뭘 한데……. 앞이 보이지 않았던 것이다. 경쟁력도 만만치 않았지만 집에서 할 수 있는 일이 아니었다. 그러나 그녀는 계속했고 이젠 생활 도자기 가게도 열었다.

돈은 되지 않는다고 했다. 자주 집을 비우는 일이 남편에게 미안했지만 자신이 만든 생활 도자기를 남편 회사에 명절 선물로 한다면서 밝게 웃었던 인진이를 나는 존경한다.

"돈보다 내 가슴이 뛰니까요."

재밌는 일을 하다 보면 지루한 인생 속에도 꽃은 피고 새싹은 돋는다. 하나의 일을 선택하여 한 10년만 죽어라 해 보라. 당신의 인생이 앞으로 50년이 남았다면 40년은 그 일을 잘하는 사람에 속할 것 아닌가. 즐거움이야말로 어머니가 주는 것도 아니다. 이 세상에 어머니도 못 주는 즐거움은 누가 만들겠는가. 바로 당신이다. 당신이 그걸 만들어야 한다.

가슴 뛰는 일을 찾아라. 반드시 당신의 가슴을 설레게 하는 일이 이 세상에는 있다.

일어나라,
하고 싶은 일도 일어날 것이다

맨발의
아베베

나는 그런 인간이다.

나는 지금까지 그래 왔다.

그것은 어찌할 도리가 없다.

그것이 나의 본성이다.

라고 말하지 마라. 자신의 이마에 그런 문자를 새겨 넣고 사는 사람들이 있다. 그것은 정체된 인간으로서 스스로 자신의 능력을 죽이는 행위밖에 되지 않는다.

얼마든지 변화할 수 있다. 어제 당신이 어찌할 도리가 없는 인간이었다 하더라도 오늘 당신은 '그런 인간'이 아니라 '바라던 인간'이 될 수 있는 것이다.

스스로 자신을 바닥에 쓰러트리지 마라. 자기를 잔인하게 아무짝에도 쓸모없는 사람으로 만드는 당신은 범죄자다. 당신은 얼마든지 할 수 있다. 스스로 그렇게 생각하면 어떤 환경에서건 일어설 수 있다.

소설가 헨리 제임스는 말했다.

"힘껏 살아라. 힘껏 살지 않는 것도 잘못이다. 자기 자신의 인생을 살고 있는 한 무엇을 하는가 하는 것은 대수로운 일이 아니다. 자기 인생을 살지 않으면 도대체 무엇이 있단 말인가."

우리는 꿈이라는 것, 희망이라는 것, 행복이라는 것을 너무 과장해서 생각하는 것은 아닌가. 거대 담론 같은 크고 대단하고 세상을 움직이는 힘이 아니라 내 인생이라는 아주 지극히 사소하고 작은 것부터 머리를 쓰다듬고 예뻐하고 사랑해 주면 그것이 제아무리 별것 아니게 생각했던 것이라도 조금씩 변화하게 되어 있다. 보잘것없는 우리 인생을 스스로 보석처럼 다루면 보석이 되어지는 것이다.

"나 같은 사람이 뭐……."

그렇게 자신을 지나친 겸손으로 대하면 그것은 겸손이 아니라 폭력이다. 작은 벽돌 하나가 집을 올리는 것을 우리는 알지 않는가.

내 후배 하나는 버릇처럼 하는 말이 있다. 내가 가장 싫어

206

하는 말이다.

"언니, 어차피 그렇게 된 걸요, 뭐."

'어차피'라니……. 나이 오십도 되지 않아서 인생을 다 산 것 같은 그런 책임 없는 말을 그렇게 쉽게 하다니……. '어차 피'는 체념적 운명론으로 규정된다. 인생을 체념하기엔 그의 나이는 너무 젊다. 50년이 남은 인생을 '어차피'라는 체념 방 식으로 살아가노라면 얼마나 지루하고 재미없겠는가.

의욕을 잃고 생을 포기하고 자신을 낭떠러지로 내팽개치 듯 방치하는 자학적인 삶은 자신이나 가족에게 범죄나 다름 없다.

자신에게 의미를 주어라. 그래야 책임감이 살아나고 의욕도 되살아날 게 아닌가.

우리가 잘 아는 축구 선수 박지성은 도저히 축구를 할 수 없는 평발이지만 죽는 한이 있어도 버티고 이루어 내겠다는 그의 의욕 때문에 세계적인 축구 선수가 되었다. 되는 것만, 하고 싶은 것만, 알아주는 것만 해 가지고는 이 세상에선 아 무것도 할 수가 없다.

안 되는 것, 안 알아주는 것도 최선을 다해 하면, 되는 것 이 되고, 알아주는 것이 된다는 교훈을 알리는 사람은 많다.

당신은 평범한 사람이다. 그래서 자기는 세상의 주인공이 될 수 없다고 생각한다. 그러나 누구나 자신에게는 일생 자기가 주인공이다. 평범하다는 것은 아주 좋은 바탕을 가진 것이다.

평범은 오히려 특별해질 수 있는 바탕을 갖춘 것이라고 생각해 보라. 하버드 대학 졸업생들을 추적해 보니 대학 시절 아주 평범해 보였던 사람들이 크게 성공한 사례가 많았다고 한다. 엘리트라고 각광을 받던 사람 중 상당수가 실패하고 있었는데 그들은 엘리트라는 껍데기 아래서 고통받았다고 한다.

이것을 조사한 조지 베일런트 교수는 "삶에서 가장 중요한 것은 인간관계이며 행복이라는 것은 결국 사랑이다."라고 결론지었다. 행복하게 늙어 가는 사람들에게 행복의 조건을 물었더니 고통에 적응하는 성숙한 자세가 첫 번째이고 교육, 안정적 가정, 규칙적인 운동 등이 뒤를 이었다고 했다.

베일런트 교수는 어떤 데이터로도 밝혀낼 수 없는 극적인 주파수를 발산하는 것이 삶이라고 단정지었으며, 과학으로 판단하기엔 너무나 인간적이고 숫자로 말하기엔 너무 아름답고 학술지에만 실리기엔 너무 영원하다고 말했다.

우리가 사는 이 삶이라는 것이 그렇다는 것이다. 삶이 고통에 적응하는 성숙한 자세라는 것, 나는 이것을 읽으며 열 번 되뇌었다. 고통의 적응, 고통의 적응, 고통의 적응……. 당신도 이 세상에 발산하는 힘의 원천이 당신의 가슴에 강하게 흐르고 있다는 것을 알아야 한다.

결핍과 부족은 자기를 진지하게 하고 더 애틋하게 사랑하게 하는 힘이다. 욕망을 일으키게 하는 힘이다. 결핍에다가 자기 몫의 꿈과 야망, 자기 존재에 대한 고민을 덧붙이는 것이 자기를 사랑하는 일이다.

우리가 익혀야 할 최고의 기술은 자기를 있는 힘을 다해 살게 하는 기술일 것이다.

아베베 비킬라라는 달리기 선수를 알 것이다. 그는 '맨발의 아베베'라고 불렸다.

아프리카의 에티오피아에서 태어난 아베베는 아무것도 가진 것 없는 몸 하나와 도전 정신으로 1960년 이탈리아 로마에서 열린 올림픽 마라톤과 1964년 도쿄 올림픽 마라톤에서 우승을 하여 2연패를 기록하며 그 가난하고 열등한 나라의 자부심을 일으킨 기적의 사나이다.

맨발로 뛰는 아베베를 보고 사람들이 "저 가난한 흑인이 신발 살 돈이 없구나." 하고 생각하며 격려의 박수를 보냈던 그 시절 서로 '아베베 아베베'라고 인사를 나눌 정도였다.

어느 기자가 물었다.

"왜 당신은 맨발로 뜁니까?"

그는 대답했다.

"내 조국 에티오피아를 알리기 위한 내 나름의 방법입니다."

그는 자신이 아니라 조국까지 생각하고 있었던 것이다. 가진 것이 아무것도 없다면 자신의 몸 하나로도 자기와 조국까지 알리려는 그 도전 정신은 그와 에티오피아를 전 세계에 감동적으로 알렸던 것이다.

다시 4년 뒤 사람들은 '아베베 아베베'를 외쳤다. 그러나 그에게 불운이 닥쳤다. 17킬로미터 지점까지 모든 선수들을 앞서 가던 아베베가 갑자기 도로를 벗어나 경기를 포기한 것이다. 모든 사람들은 당혹했고 이해할 수가 없었다.

전말은 곧 드러났다.

아베베는 올림픽이 열리기 전 골절상을 입었다. 큰 부상이었다. 그러나 아베베는 에티오피아 동료 선수의 페이스메이커를 해 주기 위해 온몸의 고통을 참으며 달렸고, 동료가 17킬로미터 지점에서 페이스를 찾자 밖으로 뛰어나간 것이다. 자신의 3연승 기록이 아닌 조국의 우승을 위해서 말이다.

세상에 이런 아름다운 인간이 있다니……. 아베베의 노력으로 에티오피아는 다시 우승을 했다. 나는 늘 이 대목에서 운다. 어쩌면 그렇게 할 수 있는 것인지. 골절된 다리로 조국을 위해 동료를 위해 만신창이의 몸으로 뛰었던 그는 모든 세계인이 고개 숙여지는 인간 승리이다.

그러나 여기서 그를 인간 승리라고 하면 너무 빠르다. 1969년 아베베는 운동을 하고 집으로 돌아가던 중 교통사고를 당했다. 그는 하반신 마비 판정을 받았다. 하반신 마비라니, 마라톤 선수에게 그것은 죽음과 다를 바 없었다.

그러나 아베베의 진가는 여기서부터 출발한다. 불굴의 투지로 인간이 가진 가장 아름다운 도전 정신으로 휠체어를 타고 운동을 계속했다.

그에게 절망은 없었던 것이다. 아베베 아베베! 그는 더 이상 달릴 수 없다는 것을 인정하고 휠체어에서 할 수 있는 양궁을 연습하기 시작한 것이다.

사실 이것은 인간이 할 수 있는 일이 아니다. 그러나 그는 인간이 할 수 있다는 것을 보여 주었다. 얼마나 놀라운 일인가. 아베베는 1970년 장애인 올림픽에 나가 양궁으로 금메달을 목에 걸었다.

인간의 한계를 극복한 아베베는 인간의 능력에는 한계가 없다는 것을 보여 준 실제 인물인 것이다. 이것은 턱없는 찬사가 아니다. 그는 인간 신이었던 것이다.

당신도 할 수 있다. 모든 게 귀찮아, 라고 말하지 말고 무엇이든지 나는 할 수 있다, 라고 말하면 뭐든 할 수 있을 것이다.

자, 일어나 움직여라, 손뼉이라도 쳐라, 몸이라도 흔들어라. 거리로 나가라, 무슨 계절인지 주위를 살피고 자신이 제일 하고 싶은 말이 무엇인지 하늘에 소리 내어 물어보라.

누군가 말했다. 서 있기만 해도 수명은 조금 늘어난다고.
일어나라. 그러면 서서히 하고 싶은 일도 일어날 것이다.

일어나라,
하고 싶은 일도
일어날 것이다

『유쾌한 심리학』에 의하면 짝사랑을 하면 가슴이 두근거리고 얼굴이 화끈거리는 증상이 있는데 그 가슴 울렁거림은 모든 근육에 힘이 오르게 하고 살고 싶은 감정을 상승시킨다는 것이다.

그런데 운동을 해도 그와 같은 울렁거림과 두근거림이 있어서 삶에 대한 의욕과 건강에 미치는 영향이 크다는 것이다. 말하자면 연애를 하지 않아도 운동만 해도 그런 효과를 거둔다는 이야기가 된다.

반대로 모든 것을 귀찮아하고 누워 있거나 의자에 앉아 하루를 보낸다면 어떻게 될까. 당연히 울렁거림도 두근거림도 애당초 일어나지 않아서 살고 싶은 욕망보다 문을 걸어 닫거나 점점 가라앉아서 죽음 쪽으로 가게 되는 것은 자연스러운 이치다.

그러므로 자꾸 권태 속으로 잠입해 들어가는 자신을 끌어 올리는 것, 깨어 있게 하는 것, 움직이게 하는 것이 중요하다.

젊은 날 희망은 아득하기만 했던 그 시절 나는 돌덩이처럼 누워서 일어나기조차 싫었던 시간이 있었다. 아니 나는 아침이 오는 것이 싫었다. 깜깜한 밤이 계속되기를, 절대로 아침이 오지 않기를 빌었던 적이 있었다.

아침이 온다는 것은 살아 내야 하는 현실에 적응해야 하는 것이기 때문이었다. 살기가 싫었으므로 아침은 적과 같았다. 어느 날인가. 여명이 창으로 흘러 들어오는 그 시간 나는 혀를 물고 싶을 때도 있었다. 살아 움직이는 것이 죽기보다 싫었던 것이다.

눈만 뜨면 보이는 환자들의 이상한 몸놀림이 죽기보다 보기 싫었던 그런 시절, 아침은 저주처럼 내게 왔던 것이다. 그러나 어쩌랴, 살아 있으면 일어나야 한다. 움직여야 한다. 움직이는 것은 삶의 욕망이고 삶에 대한 예의이다. 움직이지 않는 것은 삶을 죽이는 살인적인 행동인 것이다. 그것이 삶의 명제다. 삶과 비틀거리며 살아 내는 일 말이다.

귀찮아하지 마라, 아무리 괴롭더라도…… 아니 괴로우니까 움직이면서 근심을 털어 내고 새로운 기운을 자기 안에 불어넣어야 한다.

젊은 날이었다. 지금 생각해도 끔찍한 기억이다. 내 남편은 새봄만 되면 이상하게 내가 기억하지도 못하는 옷을 찾아내라고 성화를 냈다.

아무래도 가을에 너무 낡아 필요없다는 이유로 버린 것 같기도 한데, 그 기억마저 희미한데 그 옷을 빨리 찾아내라고 등 뒤를 따라다니며 빨리! 빨리! 하고 윽박을 지르는 것이다.

내가 무슨 영문인지도 모르고 그 옷을 찾느라 장롱이니 서랍이니 닥치는 대로 열어 뒤적거리고 있으면 다시 등 뒤에서 "그거 하나도 못 찾아! 살림을 도대체 어떻게 하는 거야!" 버럭버럭 소리를 지르며 연이어 "빨리 찾아, 빨리 찾아!"라곤 했었다.

내가 온몸이 땀에 젖어 얼굴은 벌겋게 상기되어 금방이라도 울음이 북받칠 듯한 얼굴로 온 집을 이리저리 뒤지고 있으면 이 남자는 끝까지 따라다니며 계속 "그것도 못 찾아! 살림은 누가 하는 거야!" 하고 사람의 기를 팍 죽이는 것이었다.

죄인이 따로 없었다. 나는 그때 왜 그렇게 못났었을까. 왜 발딱 일어나서 "그럼 당신이 찾아. 당신 옷이잖아!" 하면서 고개를 빳빳이 들고 커피 한잔을 타서 마시든가 담배라도 하나 꼬나물고는 "별꼴이야 정말, 흥흥." 하면서 배짱을 부릴 수는 없었을까. 왜 그렇게 주눅이 들어 마치 몸종처럼 벌벌 기면서 살았는지 알 수가 없다.

그렇게 집 안이 난장판이 되고 나는 그만 두 다리를 뻗고 울고 마는데 그런 나를 두고 남편은 "뭘 잘했다고 울어! 누가 죽었어!" 하곤 했다.

아이구 맙소사! 나는 그 난장판인 방에 그대로 이불을 뒤집어쓰고 누워 있곤 했다.

왜 밖으로 휙 나가지 못했을까. 하늘이 부끄러웠을까. 세상이 귀찮았던 것이다. 세상이 하나도 의미도 가치 따위도 없고 그대로 탁 눈감고만 싶었다.

나는 나에게 화가 나서 미칠 것 같았다. 누구 부럽지 않게 키운 부모님 밑에서 자라 대학까지 나오고 시인이라는 직함까지 가진 년이 허구한 날 이불을 뒤집어쓰고 누워 있기만 하려고 한 그 우울증의 주인은 삶 쪽으로 걸어가고 있는 것이 아니라 죽음 쪽으로 걸어가고 있었기 때문이다.

소멸이 희망이었기 때문이다. 남편의 이러한 화는 아내가 더 이상 희망을 갖게 하지 못하는 것이 아니겠는가.

그런데 지금 생각하면 그럴 때 다만 몇 시간이라도 집을 훌쩍 벗어나 서점도 가고 시내라도 돌아다니고 그랬더라면 내가 사는 방식이 조금 달라졌을 것이다.

누워 그대로 죽고 싶다고 죽는 것도 아니다. 자신의 시간만 죽이는 꼴이 되지 않았는가. 그렇게 젊은 날에 시간을 너무 많이 소비했다.

지금 내가 가장 아쉬워하는 것은 맥없이 흘려보낸 시간들이다. 화가 나서 미칠 것 같아 이불을 뒤집어쓰고 시간을 죽였던 것이다.

그러나 화가 나서 미칠 것 같아 내 시간을 적절하게 사용하며 무엇을 하려고 했다면 나의 화는 결국 내 인생을 바른 쪽으로 데리고 갈 수도 있었을 것이다.

일어나라. 움직여라.

지금 나같이 이불을 뒤집어쓰고 누워 있는 여성이 있다면, 남편이 미워서 남편 보라고 밥도 굶고 누워 있는 여성이 있다면, 얼굴은 엉망으로 세수도 하지 않았다면 발딱 일어나라. 그것은 못난 짓이다.

늠름히 커피도 마시고 책도 읽고 얼굴에 크림도 바르고 머리도 예쁘게 하고, 오히려 남편의 좋은 점 하나를 찾아 "글쎄 당신은 이런 것을 이렇게 잘하는데 말이지 나도 좀 잘해야겠지요. 오늘부터 나도 뭘 좀 하겠으니 그렇게 알아요." 하고 말하라.

미국 유타 대학 분노 스트레스 전문 심리학자 전겸구 교수는 "화가 풀리면 인생이 풀리고 화를 다스리는 사람이 성공한다."라고 했다.

미국에는 '앵거 매니지먼트(분노 조절)'라는 말이 있다는 것이다. 중요한 건 분노를 건강하게 풀어내는 능력은 끊임없는 훈련에 의해서 이루어진다고 한다. 한두 번의 명상으로, 분노 다스리는 책을 한두 권 읽었다고 가능한 것은 아니라는 것이다.

우선 그는 분노라는 감정을 잘 이해해야 한다고 말한다. 분노는 우리 삶에 꼭 필요한 감정이라는 것이다. 누군가에게 공격을 받을 때 대항할 힘을 제공하고 자신의 존중감이 유지될 수 있게 도와주며 상대와 경쟁할 수 있는 힘을 길러 준다는 것이다.

중요한 것은 분노하지 않는 것이 아니라 불필요한 파괴적인 분노를 줄이는 것인데 이것을 위한 세 가지 원칙을 밝히고 있다.

1) 분노는 나의 선택이다. 분노를 발생시키는 외부 자극을 파괴적인 방향으로 대응할 것이냐, 건설적인 방향으로 대응할 것이냐는 순전히 자신의 선택이다. 물이 홍수를 내기도 하지만 수력 발전의 힘이 될 수도 있다.

2) 분노가 우리를 죽인다. 암, 뇌졸중, 심장병, 당뇨병 등 현대인이 경험하는 질병의 90퍼센트가 스트레스 분노와 관련되어 있다.

3) 분노는 초기에 제압한다. 일단 30초만 참아라. 눈을 감고 깊은 숨을 한 번 내쉬면서 화가 빠져나간다고 상상해 보라. 습관이 되면 아주 쉬워진다.

전겸구 교수의 말이 옳지만 남편이 등 뒤에서 그것도 못 찾느냐고 힐난하고 살림은 발로 하느냐고 떠들고 있는데 화를 참느라 깊은 숨을 내쉴 수는 없었다.

그러나 나는 어쩌면 그렇게 할 수도 있지 않았을까. 남편을 타이르듯 "조금만 참아요. 버리지 않았으면 있겠죠. 또 없으면 어때요. 더 좋은 거 삽시다." 뭐 이렇게 할 수도 있지 않았을까.(물론 내 남편은 그런 거 통하지 않지만.) 나는 남편을 날 무시하고 날 죽이려는 사람처럼 생각하지는 않았을까. 남편은 그냥 그 옷이 없으면 불편한 것이겠구나, 방법은 얄량하고 나쁘지만 그래 잘난 내가 참자, 뭐 이렇게 할 수도 있지 않았을까.

전겸구 교수는 무조건 화를 참으라는 이야기는 아니었다. 무조건 참는 아내가 참지 않는 아내보다 심장병에 걸릴 확률이 네 배나 높다고 한다. 그래서 전 교수는 이렇게 말한다.

"나는 당신을 존경하지만 아침에 당신이 말을 가로막은 건 화가 났어."라고 먼저 상대에 대해 애정과 관심을 표명한 뒤 화를 내라고 한다. 이건 참 어렵다. 화가 나 죽겠는데 애정과 관심을 먼저 표현하라니……. 그래서 내 심장이 불량한지 모르겠다.

그래, 나는 화를 냈다. 그리고 우울했다. 살기 싫었다. 그래서 누워 있었다. 빛이 싫었다. 컴컴한 곳에 나를 방치했다. 어쩌면 남편이 미워서 더 그렇게 캄캄하게 있었는지 모른다.

그러나 남편은 아무 일도 없었고 나는 아팠다. 그래서 뭘 얻었다는 것인가. 병은 병대로 얻었고, 나는 정말 내 힘으로 살아야 했을 때 아무것도 가진 게 없었다. 의지도 의욕도 도전력도 빈 지갑과 같았다. 그래, 그래서 뭘 어쩌겠는가.

　일어나야 한다. 여성들이여! 일어서라, 행동하라, 움직여라.

자기 인생에게
미안하지 말 것

　지금 자신이 하지 못한 것에 대해 변명을 하고 있는가. 무슨 핑계로 나의 잘못을 합리화하려고 하는가.

　남편 때문이라고…… 아니 부모를 잘못 만났다고…… 아니 결혼을 잘못했다고 그래서 남편을 잘못 만났다고 너무 가난했다고 형편이 좋지 않다고, 그렇게 뭐뭐 때문이라고 말하고 있는가.

　가장 나쁜 습관은 바로 핑계다. 교수 시절, 과제를 안 가져온 학생일수록 핑계가 많다. 아버지가 편찮으셔서…… 갑자기 숙모님이 어쩌구…… 밤에 열이 심해서 등등 핑계가 많았다. 내가 물었다.

　"그래서 네 아버지가 돌아가셨니?"

좀 잔인했을 수도 있다. 나는 다시 말했다.

"만약 네 아버지가 편찮으셨다고 하자. 그런데도 불구하고 네가 과제를 해 왔다면 넌 얼마나 훌륭한 학생이겠니. 너는 나에게 감동을 주었을 것이다."

적어도 자신의 인생에 감동을 주는 저력이 있어야 자기 인생에게 미안하지 않는 법이다.

그래, 자기 인생에게 미안하지 말 것.

누구나 적응 못할 일이 많다. 남편이 아니면 자식이 아니면 직장일이 아니면 집안일로 아니면 친구 관계로 아니면 경제적인 일로 아니면 나 자신의 성격 문제로……. 그래서 나는 지금 아무것도 할 수 없으며 아무것도 하지 못했다고 말하는 사람이 있을 것이다.

그런데 주변을 둘러보라. 그런데도 불구하고 한 사람이 있는 것이다. 분명히 할 수 없는 처지였는데도 한 사람이 있는 것이다.

미국의 링컨 대통령은 아버지 장례식에 가지 않았다. 아버지와 사이가 좋지 않았다는 것이다. 흑인 노예를 해방시키고 흑백 화해를 이루었던 링컨은 뜻밖에 아버지와의 화해는 이루지 못했던 것이다. 그는 아버지에 대한 분노와 어머니에 대한 그리움의 양갈래에서 자신을 구축한 인물이다.

그의 어머니 낸시는 상한 우유를 마시고 숨졌다. 아버지 토마스 링컨은 아들을 위로해 주기는커녕 집안일을 안 하고 책을 읽는다고 매질을 했다는 것이다.

연인이었던 앤 메이의 죽음과 누이의 죽음까지 더해 링컨은 우울증에 시달렸지만 결국 어려움을 극복하고 세계의 영웅으로 우리에게 남아 있는 인물이다.

40대에 문단에 나와 40년 글을 쓰고 80세에 돌아가신 박완서 선생도 이미 친구들이 명성을 떨치고 있는, 미래가 불투명하기 짝이 없는 문단 속에서 자기만의 확실한 목소리로 세상 바로 읽기를 함으로써 우리에게 잊지 못하는 작가로 남았다.

이처럼 뭐뭐 때문이 아니라 뭐뭐에도 불구하고 자기만의 길을 갔던 사람들이 얼마나 많겠는가. 전겸구 교수도 분노를 예방하는 일에도 부정적 핑계보다 긍정적 논리의 '그럼에도 불구하고'를 예찬했던 것이다.

그렇다. 나도 10대 때부터 누군가 뭐뭐 때문에라는 핑계의 감옥에서 탈출하라고 조언해 주었더라면, 핑계가 얼마나 자신을 망가뜨리는 마약인지를 알았을 것이다.

만약 조금 더 일찍 알았다면…… 하고 후회하는 것도 나쁘다. 지금이라도 나이와 관계 없이 시작하면 되는 것 아닌가. 결국 뭐뭐 때문에라는 핑계는 자신을 넘어뜨릴 것이고 뭐뭐에도 불구하고는 고통을 이기고 성장할 수 있는 에너지가 될 것이다.

조폭 영화를 보면 1시간 30분 동안 무려 200번도 넘게 욕설이 나온다. 그런 영화를 보고 아이들이 무슨 뜻인지도 모르고 욕을 사용하고 있다. 어느 여중생은 욕을 빼면 말을 못 하겠다고 한다. 짜증이라는 말은 달고 살고 어색하면 욕으로 어색함을 벗고, 이런 행동들은 육체적·정신적 배설의 효과는 있을지 몰라도 그들의 성장 속에서 결코 '한때'라고 넘어갈 수만은 없다.

실제로 정말 욕을 많이 먹으면 성장에 얼마나 나쁜지 한 텔레비전 프로그램에서 실험해 보았다.

양파를 다른 공간에 하나씩 심어 놓고 온도, 습도, 조명이 같은 조건에서 한쪽은 계속 심한 욕을 하고 한쪽은 그린 음악(green music)을 들려 주었다.

결과는 판이하게 달랐다. 욕을 얻어먹은 양파는 들쑥날쑥 싹이 제대로 나오지 않았고 그린 음악을 듣고 자란 양파는 고르게 성장하였다.

이처럼 자신이 계속 "뭐뭐 때문에 난 못해."라고 300번쯤 말하면 아마도 자기 안에서 그 어떤 싹도 나오질 못할 것이다.

자기의 의지가 약하면 나쁜 일에 쉽게 빠져들 수 있지만 의지가 강하면 돌아설 용기를 가질 수 있다.

그 의지는 바로 뭐뭐 때문이라는 핑계에 머물러 버리면 나약해진다. 당신이 어떤 처지에 있더라도 자신을 사랑하는 것만 잊지 않는다면 그 어떤 어려운 여건에서도 '그럼에도 불구하고'의 의지 앞에 서게 될 것이다.

나도 잘 살게,
너도 잘 살아

남자는 강합니다. 하지만 여자는 신성합니다. 남자의 팔에 기대고 있지만 제 날개가 있습니다. 여자는 약하고 아파하지만 바로 그 심란한 눈빛으로 그것을 알릴 때 당신의 이 소중한 무녀(巫女)는 오를 수 없는 높을 곳을 거닐고 있는 중입니다.

30년에 걸친 역작 『프랑스사』로 이름난 역사가 쥘 미슐레가 1860년 『여자의 삶』에서 밝힌 여성 찬미다.

여성의 삶에서 그는 여성의 일과 결혼, 가정, 자녀 양육이 빚어 내는 삶의 질을 진단한다. 그는 특히 그 당시 부유한 가정의 여성들이 아무것도 배우려 들지 않고 믿음을 키우지 않았다고 비판하기도 했는데, 아쉬움을 남긴 건 온정주의의 틀

안에서 여성의 가치를 애덕과 사랑, 소박함에서 찾고 있으며, 여성의 인권이나 참정권에 대한 문제는 제외시킨 것이다.

그는 여성을 신화적 의미에서 풀었지만 남자에게 안식과 평화를 주는 타자적 인물로 그리고 있어 유감이라고 할 수 있다.

반면 우리나라 고대소설을 보면 한국의 여성을 잘 이해할 수 있으며, 여성의 어떤 점이 남성보다 강한지 잘 드러나 있다.

『춘향전』은 '사랑'을 다룬 소설이 아니다. 여성이 얼마나 약속을 중요시하는지, 여성의 굳은 절개를 보여 주는 여성 신화의 소설이다.

이몽룡은 힘 있는 남자로서 그 힘을 제대로 사용하지 못했다. 그러나 춘향은 힘없는 여자로서 자신의 의지 하나로 사회의 부조리를 고발하고 바로잡은 여자다.

『심청전』에도 남자는 무력하게 나온다. 봉사이면서 턱없는 약속으로 집안의 근심을 불러 놓는다. 그 근심을 푸는 것은 어린 딸이다. 아버지의 공양미 삼백 석이란 실없는 약속을 목숨으로 갚는 딸이 심청이다.

『장화홍련』도 마찬가지다. 계모의 음모로 죽어서도 귀신이 되어 나타나 결국 진실을 밝히는 것이 장화와 홍련이다.

그들은 모두 목숨을 걸고 진실에 대항한다. 이것이 한국 여성의 힘이요, 세계 여성의 힘일 것이다.

내 어머니가 '희생적인 어머니'였다면 나는 '합리적인 어머니'다. "나는 어떻게 되어도 상관없다."라는 내 어머니 같은 어머니는 절대로 되지 않을 것이다. 무조건의 희생으로 자식만을 성공시키려는 어머니는 되지 않겠다.

요즘 그런 어머니는 오히려 자식에게 폐가 된다. 자식들은 그런 어머니를 얕볼 것이다. 우리는 '합리적'인 어머니가 되어야 한다. 아니 모든 일에 합리적인 여성이 되어야 한다. 합리적이라는 것은 나 자신의 의견이 살아 있다는 이야기다.

"나도 잘 살게, 너도 잘 살아."

나는 내 딸들에게도 그렇게 말한다. 여성은 본능적으로 신성한 능력을 가지고 태어났으므로 찾고 길들이고 키우면 누구에게나 힘이 있는 것이다. 그런 힘으로 자기 스스로를 이 세상과 나누며 살아야 하는 것이다.

치마는 여성의 특징적 의상이다. 치마 안으로 모든 것을 품는 상징이 들어 있다. 그러나 여성들은 요즘 치마만 입지 않는다. 여성들이 바지를 입으면서 여성들은 변하기 시작했다. 모든 것을 품는 것이 아니라 품을 것만 품는다.

이기적으로 변했다고도 볼 수 있다. 그러나 그것은 더 능동적이고 분별력이 생겼다고 볼 수도 있다. 자기를 키우고 상대도 키우는 것이다. 치마와 바지를 함께 입는 여성들은 다양한 체험 속에서 나를 구하고 가족을 구한다.

지금은 희생만으로 어머니를 자랑스럽게 말하지는 않는다.

자기 인생을 사랑하면서 노력하는 어머니를 자랑스럽게 생각한다. 자기 스스로가 행동하고 자기 일을 찾고 열심히 사는 어머니로 보이는 것이 곧 자식에 대한 사랑이다.

몇십 년 후에 합리적인 어머니를 넘어서 이기적인 어머니가 나타날 수도 있을까? "너는 몰라, 나만 잘 살게." 하지만 이런 이기적인 어머니는 영원히 없을지 모른다.

체호프의 소설 『귀여운 여인』에 올렌카라는 주인공이 나온다. 처음에 올렌카는 야외 극장 지배인과 사랑에 빠졌다. 올렌카는 극장 지배인보다 더 좋은 직업은 없다고 단정했다. 오직 그 사람으로 인해 살았다. 사는 이유는 단 한 가지, 그 남자밖에 없었다.

그러다가 그 남자가 죽었다. 올렌카는 더 이상 살 이유를 찾지 못했다. 삶의 이유인 그 남자가 죽었는데 왜 살아야 하는가. 어둠 속에 어둠의 작은 덩어리로 누웠다가 그녀에게도 제2의 인생이 찾아왔다.

목재상을 하는 남자였다. 올렌카의 변신은 빠르고 빨랐다. 이제 그녀에게 이 세상에 가장 아름다운 직업은 목재상이었다. 나무의 결을 따라 나무를 자르고 나무의 일생을 지키고 나무를 사랑하는 그 아름다운 직업에 감탄하고 희생했다.

올렌카는 거리로 나가 "이런 아름다운 직업을 아세요? 목재상이라고요." 그렇게 말하고 싶었다. 빛을 찾았고 의욕을 찾았다. 그러나 그 목재상도 죽었다. 다시 그는 어둠으로 돌아갔다. 빛을 잃었고 희망과 사랑을 잃었다.

그러다가 다시 올렌카는 수의사를 만났다. 다시 어둠이 빛이 되었고 동물의 생명을 지키는 수의사에게 매혹당했다. 그가 다시 희망이 된 것이다. 그러나 수의사는 올렌카를 버리고 도망가 버렸다. 다시 어둠이 되었다. 세상을 뒤적여 그를 찾고 싶었으나 그녀는 언제나 베란다에서 그를 기다리는 것으로 세월을 보냈다.

어느 날 수의사가 아들 하나를 데리고 올렌카의 집 앞 골목길을 지나가는 것을 보았다. 올렌카는 뛰어가 그를 만나고 그는 아들과 함께 집을 구하러 다닌다고 말했다.

"우리 집으로 오세요. 방이 비어 있어요."

올렌카는 수의사와 그 아들과 함께 살았지만 수의사는 집을 비우고 나가 잘 돌아오지 않았다. 이제 수의사의 아들 '사샤'가 바로 올렌카의 삶의 대상으로 바뀐다. 사샤에게 모든 것을 의지하고 사는 올렌카의 삶……

자기라는 존재를 배제시킨 독자적 얼굴이 없는 몰개성적 여성으로 흔히 인용되었던 『귀여운 여인』이 지금도 귀여운 여인일 수 있을까.

지금은 올렌카든 반 올렌카든 자신의 길을 스스로 찾아야 하는 냉혹한 현실 앞에 여성이 서 있다는 것은 확실해 보인다.

10강

그대의 꿈은 지금
이루어지고 있다

인생에는
면제가 없다

"뭐든 꼬이기만 해요."

"이렇게 안 풀릴 수가 없어요."

"세상이 꽉 막혔어요."

살다 보면 이런 소리 안 하고 살 수 있는 사람은 없다. 그렇다. 꽉 막혀서 도무지 앞이 안 보일 때가 많다.

그러나 지나가고 보면 그 막힘마저도 이루어지고 있는 중이었다. 내 꿈이 이루어지기 위해서는 시간이 필요한데, 풀리지도 않고 꼬이기만 하던 그 어려운 시간도 결국 이루어지는 그 시간 속이었다는 것은 놀라운 발견이다.

지나오고 나니 보인다. 막혔을 때는 그것만 보인다. 그러나 그때 "이루어지려고 그리된 것이다." 성경에 나오는 말이다.

그러나 나도 그 막막한 현실에서는 이루어지는 시간 속에 내가 있다는 것은 생각조차 못했다. 나만 저주받고 나만 버림받고 나만 내던져지고 나만 불덩어리 속에 있고 나만 비극의 주인공처럼 느껴졌다. 누가 나에게 천벌을 내렸느냐고 하늘에 대고 따지고 싶었다.

누군가 아니라고 곧 빛이 올 거라고 말해도 믿지 않았다. "그딴 소리 집어치워!" 하고 화를 냈다. 비틀어져 옳은 소리를 듣지 못했다. 그렇게 화를 냈으므로 그렇게 저주받았다고 외쳤으므로 내게 오고 있는 '운'과 '행'을 바라볼 수 없었다.

어떤 현실에서도 이것이 지나면 된다는 긍정적인 마음으로 참고 견디면 반드시 행운은 온다.

꿈이란 늘 시간이 걸린다. 그 꿈이 오는 시간을 어떤 자세로 기다리는가에 따라 시간이 줄기도 하고 더 길어지기도 한다.

놀면서 화만 내면서 왜 안 오느냐고 신경질만 부리면 더 늦게 올 것은 뻔하다. 괴롭지만 할 일을 순조롭게 하면서 고통을 견디며 얼음 위를 걷고 있다면 반드시 꿈은 조금 일찍 올 것이다.

인생에는 면제가 없다. 반드시 할 것은 해야 올 것이 온다.

지금 견디기가 너무 어렵다면 다리 건너기라고 생각하라. 그 다리를 건너야 행운을 만나는 것이라고.

오천 개의 눈송이도
저마다 다르다

1885년 최초로 눈 결정을 촬영한 미국의 사진가 윌슨 벤틀리는 46년에 걸쳐 눈송이 오천 개를 일일이 현미경으로 찍어 살펴본 후 이렇게 말했다.

"모든 눈송이는 무한한 아름다움을 지니고 있다. 서로 같은 모양의 눈송이가 없다는 사실을 알 때 그 아름다움은 더 커진다."

생각해 보라. 벤틀리가 찍은 오천 개의 눈송이는 하늘에서 내리는 눈송이의 너무나 작은 일부일 것이다. 사진작가로서 그렇게 미세한 작업을 46년이나 골몰했다는 것이 경이롭고, 눈송이가 저마다 모양이 다르고 아름답다는 말에는 머리가 숙여지는 경건함까지 느껴진다.

조금은 다르겠지만 인간도 저마다 일일이 46년간을 지켜보면 아무리 죄인이라도 아름다운 모습이 반드시 있을 것이다. 눈송이처럼 저마다 다른 인간의 모습을 지켜보면 적어도 그렇지 않겠는가. 인간은 실로 눈송이 하나만 하겠는가. 눈송이처럼 각기 달라서 저마다 아름다움을 가지고 살아가는 모습은 눈송이 하나보다 만 배는 더 감동적이지 않겠는가.

하늘에서 내리는 눈의 일생은 인간에 비하면 지극히 찰나에 지나지 않는다. 인간의 일생을 46년간 지켜보면 어떨까. 이 세상에 용서하지 못할 인간은 없을 것이다. 저마다 특색과 저마다 남이 가지지 못한 능력들을 가지고 살아가는 모습을 볼 수 있을 것이다.

인간은 저마다 다른 매력이 있어서 모든 인간이 이 세상에는 필요하고 감동적이고 소중한 존재들이다.

46년간의 인생을 보면 다 똑같이 고통과 불행의 터널을 건너가는 모습이 보인다. 도저히 살아 낼 수 없는 그런 터널도 있다. 46년을 살면서 한 번도 좌절을 겪지 않는 인간은 없다.

그러므로 모든 인간은 그가 죄인이라 하더라도 용서하지 않을 수 없는 슬픔을 보게 되는 것이다.

이 세상에는 '나만 불행'한 일은 없다. 그것은 부분만 보기 때문이다. 한 인간을 일일이 세심하게 46년을 살피면 누구나 감동과 감격과 아름다움이 있다.

236

사랑이 있고 헌신이 있고 용서가 있고 기도가 있었을 것이다. 너무 힘들어서 자칫 나쁜 길로 들 수도 있지만 그것도 부분이다.

자신의 아름다움을 보는 일, 자신이 할 수 있는 능력을 키우는 일, 그것이 바로 오늘 해야 할 우리들의 숙제다. 그 자부심은 우리의 오늘을 조금 더 힘 있게 만들고 움직이게 하고 조금 더 웃게 할 것이다.

나는 누구보다 손이 예쁘지 않다. 손에 대한 콤플렉스는 오래되었다. 남 앞에서 가능한 손을 숨긴다. 남자 앞에서는 되도록 손을 탁자 밑으로 놓는다. 그래서 주머니 있는 옷을 좋아한다. 나이 들면서 혹사한 내 손은, 심각한 관절염에 툭툭붉거진 내 손은 쓰라린 눈물의 인생을 살아온 여성의 역사 같다.

그러나 나는 손 때문에 안 된 건 없다. 손 광고 모델이 안 된 것 빼 놓고 손 때문에 못하는 건 없다. 나는 '예쁜 손 대회'만 안 나가면 된다. 누가 내 손을 뭐라 할 것인가. 그러나 나는 하얗고 길죽하면서 도톰한 아름다운 손을 보면 젖가슴 큰 여성보다 더 부럽다. 아름다운 손을 보면 아름다운 인생을 사는 것 같은 생각도 든다. 사랑받는 여자의 손, 그것은 참으로 도달할 수 없는 것이지만 나는 내 손을 더 사랑한다. 약점을 극복하기 위해서는 내가 내 손을 더 사랑해야 한다.

우리는 스스로 나만 가지고 있는 아름다움을 찾아서 그

아름다움에 자부심을 가져야 한다.

찰나를 사는 눈송이도 각기 다 저마다 아름다움이 있는데 하물며 우리 인간이야⋯⋯. 여성들이여, 그대는 정말 매력 있는 여성이라는 걸 잊지 말라.

책은
정신적
항생제다

자신에게 난 항상 옳았다고 힘을 실어 주어라. 상대적인 불행감을 몰아내고 자신에게 "너는 나야!" 하고 지지자가 되어 준다면 인생은 그렇게 어려운 것도 아니다. 스스로 불행하다고 생각되면 그 불행을 잘 들여다보라. 각도를 조금만 달리 보아도 거기 행복이 함께 있을 것이다.

내 경우를 봐도 불행은 혼자 오지 않았다. 그 옆에 늘 행복이 있었다. 내가 알아보지 못한 것이다. 행복이 서운했을 것이다. "왜 내가 불행해!" 하고 악을 쓰는 와중에 그 옆에 행복이 보였겠는가. 행복이 서운해서 물러섰을 것이다. 지금 돌아서는 그 행복을 잡아라. 잡힐 것이다.

차를 한 잔 마셔도 즐기면서 마셔라. 나는 아주 슬플 때도 커피를 마시는 순간에는 행복했다. 새벽 커피는 큰 위로였다. 그러면 화도 조금 물러선다. 어떤가. 그런 일을 경험했다면 그것을 글로 써 보면 어떨까.

사소한 일들을 적어 보자. "내가 뭘!" "글은 못 써요." 하지 마라. 일기처럼 적으면 그것이 바로 당신의 자서전이 될 것이다. 당신의 자서전을 불행하게 끝내고 싶은가? 해피엔딩으로 하고 싶으면 지금 당신을 행복하게 즐겨라. 하루 10분만 행복해도 스트레스가 풀리고 화도 풀리고 인생도 풀릴 것이다.

노래도 불러라. 큰 소리로. 다이애나 크롤의 음악을 틀어 놓고 재즈와 함께 춤도 춰 보아라.

「봄날은 간다」라는 유행가도 도움이 될 것이다. 봄만 가는 게 아니다. 근심도 간다.

책을 읽어라. 성공한 사람들은 모두 지속적으로 책을 읽은 사람들이다. 꿈과 희망을 내 것으로 만들려고 하는 사람들의 곁에는 항상 책이 있다.

겉보다는 속을 알차게 채우려는 사람, 외형적인 삶보다 내적 충만을 바라는 사람들 역시 책을 열정적으로 읽는 사람들이다.

그래서 책은 구원자다. 마음이 허약한 사람, 병든 사람, 아직 꿈을 이루지 못한 사람들에게 책은 길이 되고 위안이 된다.

책은 실제 자신보다 몇천 배 힘 있는 사람으로 비약시킨다.

정신을 강하게 만들어 주기 때문이다.

빌 게이츠도 나폴레옹도 독서광이었고 베토벤 같은 예술가
도 독서광이었다. 무엇인가 스스로 만든 사람들 곁에는 반드
시 책이 있었다.

정신이 허약한 사람들은 반드시 책을 만나라. 정신의 빈곤
은 인간을 쉽게 넘어지게 하고 고통 앞에 형편없이 무너지게
만든다.

책이야말로 정신적 항생제가 된다. 나는 책 읽는 나라가 가
장 강하다고 생각한다. 그렇다면 책 읽는 여성이 가장 강하지
않겠는가.

걱정하지 말라,
지금
이루어지고 있다

저 하늘에 별도 강 건넌 만큼

하늘에 걸렸겠다

하루를 건너는 사람들

세월을 감다가 풍덩 빠지는 곳 있다

잠드는 일도 강 건너는 일이다

누구를 향해

정신 나게 한마디 하고 싶은데

꿀꺽 참으며

또 강 건넌다

나의 졸시 「강 건너다」의 일부다.

지금 어디선가 어깨를 들먹거리며 울고 있는가. 거리를 걸으며 울고 있는가. 아니면 목에 핏대를 올리며 화를 내고 있는가. 하늘을 향해 삿대질을 하며 고함을 치고 있는가. 이놈의 세상 못 살겠다고 치를 떨고 있는가.

이제는…… 이제는 도저히 살 수 없다고 차라리 입 다물고 칼끝처럼 무섭게 세상을 등지고 있는가. 왜 세상은 나에게만 이런 불운을 주느냐고 세상을 향해 주먹질을 하고 있는가.

이 모두 지금 위기의 강을 건너는 중이다. 강을 건너지 않고서는 어디에도 도달할 수 없다. 물어보라. 모두 그 강을 건넜다.

나는 젊은 날 사는 것이 너무 어렵고 힘들어서 거리로 나가고 묻고 싶었다.

"당신들은 도대체 어떻게 사나요. 당신들은 왜 그렇게 편안하게 사나요……. 도와줘요, 어떻게 해야 하나요. 날 좀 도와주세요."

그러나 그 사람들도 나처럼 사는 것이 너무 어려워 묻고 싶었던 사람들이라는 것을 나중에 알았다. 그들은 나보다 더 묻고 싶었던 사람들이라는 것을.

그러나 어김없이 시간은 흘렀다. 시간이 흐르면서 우리는 조금씩 강을 건너가고 있었고, 그 애통하게 울었던 울음도 조금씩 멀어져 갔다.

내가 울었던 시간, 내가 콱 죽어 버리고 싶었던 그 시간들도 그 순간 강을 건너고 있었고, 그 고통의 시간 속에서도 우리들의 꿈은 이루어지고 있는 중이었다.

"아, 감사합니다."

나는 감사의 기도를 하고 감사의 인사를 하려고 노력한다. 아침에 눈을 떠 성모님 앞에서 고개를 숙이며 "잘 주무셨어요?" 하고 인사를 하는 순간 나는 혼자가 아니라고 생각한다.

나에게 묻지 말라. "당신이니까." 그렇지 않다. 당신이니까 당신도 된다. 일생 자기의 감사를 더 올리지 못하면 그것이 곧 불행이 아니겠는가.

울고 있는 당신, 기막혀 웃고 있는 당신, 세상을 비웃고 있는 당신들도 지금 이 순간 당신이 원하는 삶으로 가고 있다. 꿈이 이루어지고 있는 중이다.

당신은 지금 고통의 반대편으로 가고 있는 중이다.

나는 늘 먼저 산 사람들이 한 말들을 소리 내어 읽는 것을 좋아한다. 그것은 링거 한 병을 맞는 것과 다르지 않다. 내 흐릿한 정신에 영양제를 투입하는 것이다.

나는 참고 견디면서 생각한다. 모든 불행은 뭔지 모르지만 좋은 것을 동반해 온다고. ──베토벤

어찌하리오, 어찌하리오, 하면서 노력하지 않는 사람은 나 또한 어쩔 수 없다. ─공자

행복이란 무엇을 의미하는가. 모든 불행을 살아 내는 것. 빛은 무엇을 의미하는가. 온갖 어둠을 응시하는 것. ─니코스 카잔차키스

격하기 쉬운 사람이 받는 벌은 행복 곁에 살면서도 행복을 손에 넣지 못하는 것이다. ─보나르

신달자

1943년 경남 거창에서 태어났다. 숙명여대 국문과를 졸업하고 동 대학원에서 박사 학위를 받았다. 1964년 《여상》에서 여류신인문학상 수상과 함께 등단한 후, 1972년 박목월 시인의 추천으로 《현대문학》에서 재등단했다. 평택대 국문과 교수, 명지전문대 문창과 교수를 역임했다. 『봉헌문자』, 『아가』, 『아버지의 빛』, 『오래 말하는 사이』, 『열애』, 『종이』, 『살 흐르다』 등의 시집이 있으며, 『시인의 사랑』, 『너는 이 세 가지를 명심하라』, 『나는 마흔에 생의 걸음마를 배웠다』, 『미안해 고마워 사랑해』, 『엄마와 딸』 등 다수의 에세이집이 있다. 대한민국문학상, 시와시학상, 한국시인협회상, 현대불교문학상, 영랑시문학상, 공초문학상, 김준성문학상, 대산문학상 등을 수상했다.

여자를 위한 인생 10강

1판 1쇄 펴냄 | 2011년 6월 3일
1판 13쇄 펴냄 | 2024년 4월 3일

지은이 | 신달자
발행인 | 박근섭, 박상준
펴낸곳 | (주)민음사

출판 등록 | 1966. 5. 19. 제16-490호
서울특별시 강남구 도산대로1길 62(신사동) 강남출판문화센터 5층 (우편번호 06027)
대표전화 02-515-2000 / 팩시밀리 02-515-2007
www.minumsa.com